谭健锹 著

病榻上的龙

现代医学破解千年历史疑案

从晋景公到清嘉庆 25位帝王病历首度揭秘

中华书局

图书在版编目(CIP)数据

　　病榻上的龙:现代医学破解千年历史疑案,从晋景公到清嘉庆
25位帝王病历首度揭秘/谭健锹著. —北京:中华书局,2014.9
　　ISBN 978 - 7 - 101 - 10215 - 4

　　Ⅰ.病…　Ⅱ.谭…　Ⅲ.帝王 - 死因分析 - 中国 - 古代
Ⅳ. K827 = 2

中国版本图书馆CIP数据核字(2014)第173841号

书　　名　病榻上的龙——现代医学破解千年历史疑案,
　　　　　　从晋景公到清嘉庆25位帝王病历首度揭秘
著　　者　谭健锹
责任编辑　于　欣　贾雪飞
出版发行　中华书局
　　　　　　(北京市丰台区太平桥西里38号　100073)
　　　　　　http://www.zhbc.com.cn
　　　　　　E-mail:zhbc@zhbc.com.cn
印　　刷　北京瑞古冠中印刷厂
版　　次　2014年9月北京第1版
　　　　　　2014年9月北京第1次印刷
规　　格　开本/880×1230毫米　1/32
　　　　　　印张9¾　插页2　字数210千字
印　　数　1 - 6000册
国际书号　ISBN 978 - 7 - 101 - 10215 - 4
定　　价　36.00元

自 序

二〇一二年三月，借着参加心脏病会议的机会，得以在百忙之中重游北京，距离上次踏上古都这片土地已经二十年了。

那天晚上，我在什刹海内闲逛，沿街无数的酒吧食肆似乎刻意让游人忘却历史，然而，我对此了无兴趣。尽管是阳春三月，湖面依然浮着薄如蝉翼的冰层，在月光和街灯映衬下，晶莹剔透，灼灼生辉；湖上的石拱桥仿佛是蜿蜒的臂弯，把路人带进灯火阑珊的对岸，带进历史的深处；湖边错落的柳树随着夜风飘拂，混搭着清新的草香，徜徉其间，心旷神怡、流连忘返。

半夜，一场新年以来最大的雪不期而至……

这里是北京，曾是明朝、清朝的京师。历史像雪片般，堆积在这块土地上，沉淀了一年又一年。遥望着躲在黯淡中的鼓楼，想象着不远处点缀着红墙绿瓦的紫禁城，谁能忘记明、清两朝二十多位皇帝、无数王公贵族，在此留下最后的身影和足迹。

　　清朝入关以后，共有十位帝王在北京一统天下，其中竟有五人死于严寒之中，在大雪纷飞的惆怅里永远合上了眼睛，他们是顺治、康熙、乾隆、道光和同治。

　　而在北京生活的明朝帝王几乎都不长寿。嘉靖活到六十虚岁、万历五十八虚岁，已算是寿命较长的，其他大多三四十岁就撒手人寰；古代中国人的寿命大多不长，但如此短命也实属少见。

　　二十年前读小学时，《中国历代帝王大观》一书曾令我手不释卷，对历史心驰神往，里面有金戈铁马、有尔虞我诈、有酒池肉林和荒淫无道，更有带着一个个问号的死亡谜题：帝王们的驾崩，除了被夺位、被弑杀之外，大多语焉不详，如果是自然离世，到底又是怎样病死的？为何长寿之帝屈指可数？我带着这些疑问慢慢长大，直到走进了医学的神圣殿堂。

　　无论是曾经的囊萤苦读，还是现在的悬壶济世，闲暇之余我经常想到：帝王们锦衣玉食，位居社会金字塔顶峰，享受着普通百姓难以企及的物质和医疗保障，但为何如此容易身染重疴、一病不起？为何有些帝王的行为如此荒诞怪异、匪夷所思？他们的病痛值得从事医学工作者去思索、去探究、去发掘。在物质高度发达的现代社会，固然环境与古时代有着天壤之别，而人类的躯体却没有多少进化，古人（特别是富裕的)容易罹患的疾病,今人依旧无可幸免;而古人的经验教训,今人应可作为前车之鉴。

我不是文史学专业科班出身,但历史既然可以被文史专家解读得妙语如珠,那么科学乃至医学也可以宣传得妙趣横生,让民众有所理解、有所领悟,这不仅是我们的工作,更是责无旁贷;毕竟,大医治未病,每个普通人都可能成为"大医",而医生往往只是手术匠。历史及其中担任主角的帝王们,正是这种教育、宣传的理想载体。

记得那场大雪后的清晨,拉开酒店宽阔的窗帘,眼前那片银装素裹、皑雪茫茫的景色把我震慑住了:路旁高树的枝桠压着片片祥云般的雪块;房檐上、马路边,净是纯白一片,好像分不清哪里是界限、哪里是尽头。北京这座大城市在大雪过后,竟然显得有点渺茫。也许个人的努力在人类社会进程中是微不足道,但毕竟做过、来过,总有一天会有人从中获益。

于是,拿起荒废多年的笔头,在忙碌工作之暇写了又写,改了又改,甚至在《左传》、《史记》、《汉书》和《资治通鉴》等巨著中仔细寻觅、慢慢咀嚼。蔡桓公、晋景公、汉文帝、宋太祖、康熙帝……一个个向我走来,他们或嬉皮笑脸、玩世不恭,或正襟危坐、端庄郑重,有的脸上带着忧郁,有的脸上挂着狰狞。我仿佛正拿着听诊器,静听他们的心跳。

日积月累，案头就有了一大叠稿子。日子是不乏艰辛的，生活是不乏痛苦的，但重读自己写出的字字句句，却可以忘却这一切。

今天，二十五位帝王已悉数粉墨登场，他们的身影伴随着历史爱好者的考据，带着一串串颇有意义的医学常识，走近你、我、他。

此刻，我在农历新年前夕的澳门。此时，电视天气预报说古老的首都正雪花飘舞。我希望这是一场瑞雪，因俗话说，瑞雪兆丰年……

二〇一三年一月二十日

听滚滚涛声，灯下

目 录

第一章

天子之家富贵致病

百味珍馐迷御宴，
人间天上膏粱。
家传体质病难当。
深宫嫌体胖，
寿折血高糖。

一统中原名赫赫，
痛风犹困金床。
血脂血压毁红墙。
霸陵松柏绿，
犹叹壮年殇。

「脓」情一刻

——养痈贻患的汉文帝

历代帝王病历表
病历号码：EMBC0202001

病人基本资料：

姓　名：	刘恒	身　份：	汉文帝
享　年：	45岁	民　族：	汉族
生活区域：	陕西西安	生活年代：	公元前202年—前157年
病史摘要：	身患痈疮，不愈而死		

中国上下五千年，历代君主粉墨登场，有人满脑仁义道德，但昏庸可笑，最终国败身死，比如战场谦让的宋襄公；有人极端心狠手辣，但开创盛世，骂名难盖英明，比如弑兄杀弟的唐太宗。而汉文帝刘恒却是帝王榜上少有的道德楷模和治国明君，

虽然他晚年也曾纵容佞臣邓通、造成国家损失,但毕竟金无足赤、人无完人,更何况是生活在专制的金字塔顶端之人呢?

死因记载,语焉不详

史书上的汉文帝减轻劳役,降低赋税,崇尚节俭,废除肉刑,让利于民,外和匈奴,内平叛乱,创下太平盛世。《二十四孝》里的汉文帝,为患病之母"亲尝汤药","目不交睫","衣不解带"。可惜,他仅仅活了四十五岁便撒手人寰!关于他的患病和驾崩,绝大多数官方史料都语焉不详,司马迁在《史记》里仅说是"崩于未央宫";蔡东藩编撰的《前汉演义》也只提到"忽然得病,医药罔效,竟致弥留",似乎无从寻找死因。而且除了宠幸佞臣之外,几乎所有的古籍都没有提及文帝生前其他不良习惯和惊人嗜好,难以拼凑病兆。不过,茫茫史海中还是不乏相关的蛛丝马迹。

第一,文帝患过"痈"(脓疮)。《史记·佞幸列传第六十五》记载了一个叫邓通的媚臣获悉文帝背上长了脓疮,便时常为文帝吸吮出疮上的脓。第二,文帝于公元前一五七年六月过世,但在前一年匈奴入侵时,他还去过周亚夫的细柳营视察军务。此外,文帝之父汉高祖刘邦在征讨英布时中箭受伤,伤口一直无法愈合,最后病死。父子相承,刘邦之死成了谁都没料到的文帝病因线索。

刘邦中箭是公元前一九六年十月，死亡是在转年四月，相距半年左右，和当时创伤致死的一般时间不吻合。二十世纪八十年代出土的《张家山汉墓竹简·二年律令》记载：被伤者在受伤二十天内死亡的，致伤者得按杀人罪处理。由此可见，在秦汉时代，一般创伤致死都发生在伤后二十天内；超过这个时段，因伤直接致死的几率不大。

刘邦早年也挨过项羽一箭，射在胸口上，居然也能逐渐康复。对于年过六十的刘邦来说，这些年来，郁闷、愤懑、疲劳和酒精都慢慢腐蚀着他曾经强壮的体魄，抵抗力大不如前。英布的箭只是一个诱因，患病直接原因是伤口长期没有痊愈，结果导致细菌反复感染而致死；而伤口难以愈合的罪魁祸首，最大嫌疑者就是糖尿病（diabetes mellitus）。

糖尿病是一种内分泌代谢不正常的疾病，原因是胰脏分泌胰岛素不足或未能发挥应有功能，最终的结果是人体血糖值异常增高，导致神经和微血管系统受损、促进皮肤生长的胰岛素生长因子减少，降低了局部组织再生和修复能力。同时，由于糖尿病患者的末梢神经受损，对痛觉不太敏感，往往延误了发现和就诊时间。

在缺乏抗生素的古代，可以想象这样的创伤面正是细菌大量繁殖、疯狂肆虐的最佳温床；而细菌的啃噬又使得伤口更加糜烂不堪，形成恶性循环，直到细菌把整个人"吃"掉！有种病叫"糖尿病足",是糖尿病患者足部或下肢组织被破坏的一种病变,与刘邦箭伤发病原理一样。美国有统计数据指出50％的非意外创伤截肢是糖尿病所致。而四十岁以上的糖尿病患者、患糖尿病十年以上者、男性、有足部溃疡者、没有控制血糖者,都是糖尿病足的潜在受害群。

细菌感染,蠢蠢欲动

让我们讨论一下文帝患病的时间。试想如果身体明显不适,他还能到处视察军队吗？在光临周亚夫的细柳营之前,文帝先后至少去过其他两处军营。在没有橡胶轮胎、没有高速公路、没有汽车的汉代,从长安一路奔波到咸阳附近,沿途颠簸不适、舟车劳顿,即使对天子之尊也是一视同仁的。匈奴入侵又是在这一年的什么时候呢？应该是秋冬季节。因为在秋天,马匹尤为膘肥体壮,作战效率更高。这一点,马背上的游牧民族比我们更懂。加上冬季的草原,满目凋零,水草不丰,匈奴直接感觉到生活资源匮乏,更增强了他们的侵略动机。这也是历史上其他南侵的游牧军队共同的游戏规则。因此,文帝在去世前的那年秋冬时节,健康状况应该依然是自我感觉良好,哪预料得到半年后的来年六月,便病故了。

至于后来文帝身上长的那个东西,显然是个在体表已化脓的病灶。如果只是脂肪瘤、血管瘤,很少会化脓和致死;如果是淋巴结结核或淋巴瘤,在没有化疗药的年代,文帝几乎必因此而死,但从毫无症状到化脓,再到死亡,前后不到半年时间,似乎太短,且发病率不高,可以排除;如果是恶性皮肤肿瘤(癌症),可能性更小,因为该病是喜爱晒太阳的欧洲人易得,亚洲人较少见,而且很难想象九五之尊的文帝会整天光着膀子暴露在烈日之下。看来,还是"痈"、"疽"之类的细菌感染常见病可能性最大。

什么是"痈"呢?这是指皮肤组织的急性化脓感染,致病菌大多是金黄色葡萄球菌。感染原因与皮肤不洁、擦伤、人体抵抗力下降有关,中医又称之为"疽"。病人通常在中年以上,部分病人原患有糖尿病。病变好发于皮肤较厚的部位,初起时为小片皮肤硬肿,色暗红,其中可能有数个凸出点或脓点,疼痛较轻,但会畏寒、发热、食欲减退和全身不适;随后皮肤硬肿范围扩大,周围出现水肿,局部剧痛。随着病变部位脓点变大、增多,中心处可能破溃出脓,使疮口呈蜂窝状;其内的皮肤组织坏死,呈紫褐色,很难自行愈合。如果延误治疗则病变继续扩大、加重,出现严重的全身反应。四十多岁、有家族糖尿病史的文帝,需要别人经常吮吸患处,极有可能是里面不断生出脓液,与痈病的表现一致。

糖尿病是先天和后天因素共同作用而产生的,父母罹病,子女患病的几率就比较大。再加上身为一国之君,热量和糖分的摄取不懂节制；又养尊处优,体力活动少之又少,都使罹患糖尿病的机会大增。最终的结论是:文帝可能和他父亲一样,长期罹患糖尿病,只是一直没有察觉。在视察军务之后,又患上痈,由于治疗不彻底和糖尿病的干扰,伤口长期无法痊愈;拖延数月之后,细菌透过伤口逐渐侵入全身,造成严重的败血症和感染性休克,终于吞噬了文帝宝贵的生命。从开始到全身感染死亡,经过了几个月,病情发展上是讲得通的,而且与他父亲刘邦之死如出一辙!

脓疮恶化,来日无多

那天,视察了细柳营之后,文帝的车队便开始有序地往长安方向奔驰。寒风刺骨,浓雾蔽日,骏马粗犷的嘶鸣、车轴混着细雪的辗滚声,以及驾者赶车的激越喉音,搅拌在一起,把静肃的四野彻底击碎了。坐在六马銮驾之内的文帝,此刻正紧缩双眉:匈奴时战时和,已让他心力交瘁,而这一路上,背上老觉得被什么东西摩擦着,隐隐作痛;这段时间,他还发现自己经常口渴,而小便居然莫名其妙地增多,窦皇后也曾关切地提醒他最近明显消瘦了。然而,颇有道德使命感并酷爱黄老之术的文帝对待这一切,采取和治国方针相似的做法——无为而治。

又过了一段时间,文帝觉得背部愈来愈疼,不得不请御医来诊治。御医把文帝的袍服轻轻一揭,顿时吓得面如土色:一个巨大的痈疽暴露于他的眼前，顶部已经发黑，几颗黄绿的脓点似乎正露出狰狞的笑……后宫慌了，群医意见各不相同。几剂汤药之后，文帝毫无起色，背部更加疼痛难忍，痈疽愈加恶性膨胀，最后竟至爆裂。此时，文帝的痈疽彻底成了金黄色葡萄球菌的极乐园，它们在里面肆无忌惮地饱餐、糟蹋、繁殖，把创口搞得如同长年无法清理的垃圾堆和臭水沟般，污秽不堪、臭不可闻。

文帝绝望了，御医们绝望了，然而一个年轻人却有望了——他叫邓通，仅仅因为外形神似文帝梦中恩人，一无所长的他居然获得了在皇帝身边工作的难得机会。正因不具备任何谋生手段和社会经验，邓通只能把所有的希望寄托在与文帝培养感情上。他也许没读过大将吴起为伤兵吮痈抽脓的故事，但本能认为把那些难闻的液体抽光也许对身体康复有利，于是，他和文帝之间便重演了这感人的一幕，只是双方的身份调转罢了。当脓液被邓通一点一滴吸吮干净之后，文帝果然有一阵子觉得清爽无比，生命似乎重现生机。金钱、地位、房子随之朝着这个年轻人源源不断地涌来，甚至于开铜矿铸钱的权利，文帝也毫不吝啬地赏赐给他。从此，这两个男人变得更加形影不离了。

但是好景不长，白丁邓通尽管富可敌国，"口技"确实了得，精神和毅力也可嘉，但他的嘴巴毕竟不是无菌手术刀，他的唾液也毕竟不是抗生素。碰了一颗钉子之后，顽强的金黄色葡萄球菌借着糖尿病造成的皮肉修复能力下降之机,再次发动攻击,并乘胜扩大战果、壮大实力。此时的邓通除了一个劲地吮吸脓液之外,只能眼巴巴地看着痛苦的文帝一步步走向生命的深渊。终于有一天,一种叫革兰氏阴性杆菌的生物和金黄色葡萄球菌一起彻底打破了血管屏障,乘虚而入,从创口鱼贯进入文帝的血液系统,开始全身循环大游走,所过之处,极尽破坏、残害之能事。文帝开始出现高烧、寒颤不止,继而四肢冰冷,面如死灰,神志淡漠,硬撑了几天便扔下邓通,恋恋不舍地自个儿去霸陵报到了。

文帝尸骨未寒,新上任的景帝刘启便迅速又干净利索地把邓通撵走,剥夺了他的全部财产。可怜这位曾经显赫一时、富甲天下的邓郎,最后居然在贫病交困中凄惨地成为一具饿殍,其下场与两千年后的清朝和珅颇有几分相似。可是和珅毕竟是博学多才、长袖善舞、经营有方的大能人,既然连他都不能自保,那么一无是处的邓通,除了等死,又能如何呢?

葬礼结束的那个早上,霸陵边,松柏青青,残雪点点,清泉潺潺,和风熙熙,从远处山岭背后冉冉升起的一轮红日,把黎明前最后一丝的暗云抹去,重新发出万丈金光……

患在自身,更在家国

汉文帝所养之"痈",表面上来看,只是皮肤的化脓性疾病;

往深一层看,是长期忽视糖尿病产生的危险信号,活在糖尿病贪婪地蚕食健康的阴影下而毫不自知,最终导致病势一发不可收拾;但是最深层、最可怕的"痼",还是被豢养的邓通之流——社会蛀虫,他们不学无术,坐吃山空,尸位素餐。"患"在自身,更在国家!汉帝国有可能因为这些人的存在,而提早出现衰老和破败,庆幸的是,文帝的生命在此时戛然而止;于是,蛀虫们迅速被新的潮流所洗除、淹没。帝国得以重新回到正轨向顶峰攀登;而汉文帝在没有铸出大错之前,及时驾鹤仙去,总算保住了一代明君的美誉。这难道不是两全其美吗?

远离病榻

沉默杀手"糖尿病"带来的痛苦是巨大的，但初始阶段总是隐匿不显，仿佛暴风雨前的不祥寂静。刚开始，它让人常常觉得口干想喝水，从而多尿导致半夜多次醒来；尽管已吃了不少食物仍觉饥饿，体重减轻、容易疲劳等，总让人觉得全身哪处不对劲。

预防它，只能适当控制饮食和持续运动，所谓"迈开腿、管好嘴"，尤其要尽量少接触甜食或甜品。如果不幸罹患，还要注意穿软的鞋袜，多留意自己下肢和脚底有无皮肤破损。

历代帝王病历表
病历号码：**EMAD0628002**

病人基本资料：

姓　　名：李治　　身　份：唐高宗
享　　年：55岁　　民　族：汉族
生活区域：陕西西安　生活年代：公元628年—683年
病史摘要：反复头晕，伴随视力模糊

　　大唐，中国历史上最辉煌的朝代，至今仍以其独特的魅力、灿烂的文化和雄浑的气象，令海内外的炎黄子孙追慕与自豪。唐代版图在哪位皇帝的统治下扩展到最大呢？也许很多人会想起盛唐的代表人物唐玄宗李隆基，也许不少人会觉得是千古明君唐太宗李世民，但是这些答案都是错误的。唐朝是在唐高宗李治时期疆土面积最大：东起朝鲜半岛，西临咸海，北包贝加尔湖，南至越南横山，疆域维持了三十多年。

然而，唐高宗本人的历史评价似乎不太高，人们总把他与姐弟恋、懦弱无能和病夫当国联系在一起。众所周知，他的父亲唐太宗一手打造了太平盛世"贞观之治"；他的皇后武则天利用他久病不能视事，只手遮天，更在高宗去世后临朝称帝，成为中国历史上唯一的女皇帝。夹在两大时代的巨人光辉下，唐高宗显得黯然失色。不过，他并非一无是处。即位初年，他励精图治，继续执行太宗时期的各项政治经济制度，奉行太宗遗训，接纳谏言，爱民如子。当时边陲安定，百姓生活安乐而丰饶，颇有"贞观之治"的遗风，史称"永徽之治"，为他的孙子唐玄宗开创"开元盛世"奠定了基础。

是什么疾病导致了年轻有为的高宗不得不逐渐远离政治舞台的中心，使得年长他四岁的武后最终有机可乘呢？

久病缠身，气逆而亡

与擅长刀剑骑射的众多李唐皇室成员相比，高宗少时就显得有点文弱。①也许自幼体弱多病，或多或少导致他早年并未进入唐太宗的法眼，但两位最有资格担任储君的哥哥你争我夺，结果双双被废，他才幸运地走进东宫的权力中心。

　　唐高宗生于公元六二八年，二十一岁即位，开始成为唐王朝这艘大船的新舵手；然而，心有余而力不足，过了十年左右，在政坛上初试身手的高宗就病倒了。从历史记载看来，他大约三十岁左右就开始患"风疾"，而且久治不愈，导致了此后二十余年在政治上处处受制于武后。②唐人胡璩在《谭宾录》里更详细地描述了他的病况："苦风眩，头目不能视。"

　　中年以后，他的健康每况愈下，更加力不从心。"风疾"、"风眩"和视力下降成了高宗执政的最大障碍，最终把他拖进历史的深渊，终年仅五十五岁。《旧唐书》曾记载高宗临终前的故事：

　　高宗本打算前往嵩山祭祀，不料病情加重，只好作罢。这时候他"头重"得很厉害，侍医建议针灸百会穴治疗，武后极为质疑，但皇帝本人比较开明，愿意尝试。针灸初见成效，症状有所减轻，视力也一度恢复；但是过不了几天，症状复发，病情更为严重。③

　　以下是他人生的最后一程：十二月己酉，头晕好多天的高宗，忽然想登楼向百姓们宣布赦书，可能是太激动了，竟试图骑马前往，突然间，"气逆"发作④，高宗不但无法上马，甚至连活动都有困难。头痛、恶心、呕吐、视力模糊等症状铺天盖地袭来，当天傍晚就离开了这个令他无比留恋的世界。

　　高宗的病和死，如同他和武则天合葬的乾陵一样，千百年来一直是萦绕在历史爱好者心头上的谜团。

风疾病症，谜点重重

风疾，中医指的是风痹或半身不遂等症，大体上包括西医的心脑血管疾病；风眩，又称风头眩，中医指的是因风邪、风痰所致的眩晕。[⑤]综合来看，文献中没有提供高宗瘫痪的记录，因此其所患疾病应非前者；而他的症状很可能是反复头晕或眩晕，严重时转为明显头痛，同时合并视力模糊，进而可能发展到失明。

引起眩晕的疾病很多样，不能一一举例，主要包括周围神经系统和中枢神经系统两大门类。有代表性且较常见的，前者有梅尼埃病（Meniere' disease）；后者有椎基底动脉供血不足（vertebrobasilar insufficiency, VBI）。

梅尼埃病至今仍充满谜团。解剖学认为其主要病变在于不明原因的内淋巴局部水肿，导致耳朵的听觉神经及半规管细胞受损，病人会感到阵发性眩晕、耳鸣、耳朵胀痛、听力下降。每次发作持续数分钟至数小时，可逐渐缓解；之后几个月内会不定时发作，每发作一次，听力就丧失一些，最后甚至会完全耳聋。该病与失明关系不大，且不直接致死，高宗没有耳鸣、失聪等症状，因此罹患这种病的可能性很小。

椎基底动脉供血不足常出现在中老年人身上，椎基底动脉是人体供给脑部血液的动脉系之一，负责供应小脑与脑干血液,下游包括内耳动脉。椎基底动脉供血不足会导致眩晕与血压异常,严重时会有视力障碍和剧烈头痛,但临床上极少见。高宗在三十岁左右即开始患病,与该病的好发年龄不符,因此也排除可能性。

其他造成眩晕的疾病,也大多与视力受损无关。既然不像是眩晕症,所以焦点还是应集中在头晕和视力障碍方面。那么,高宗究竟得了什么病?

血压之祸,为害甚烈

拨开历史的迷雾,高血压病(hypertension)的诊断慢慢浮现在高宗的病历上。

所谓"血压"就是指体内流动的血液对血管壁产生的压力。压力适中,人就神清气爽;压力过高,人则头昏眼花,甚至举步维艰。所谓的"高",无独有偶,也指发病率高、死亡率高和致残率高。现代社会,"高血压"之名已深入人心,心血管病专家认为成人血压低于120/80 mmHg视为理想,高于140/90 mmHg则称为高血压,当然必须以在平静状态下多次测出的平均值为准。高血压可分为两种:一种叫原发性高血压,一种叫继发性高血压(只占所有高血压约5%),前者具有某种程度的家族遗传倾向,父母一方患病,子女得病的几率相对较高;后者有明确的基础病因,如肿瘤、慢性肾病、内分泌异常或严重的大动脉病变等。

患病初期，高血压病人大多无明显不适，能照常工作和生活，这是容易被忽视的主要原因；中期，病人可能出现头晕等症状。不知不觉中，高血压已悄悄损害着人体的重要器官，平时无声无息，一有机会便诱发眼底出血（失明）、心肌梗死、中风或高血压脑病，可谓一"发"惊人，甚至一举夺命。

高血压脑病指的是动脉压力突发急骤升高，导致脑小动脉痉挛或脑血管调节功能失控，从而产生严重脑水肿的一种急性脑血管疾病。发病时有头痛、恶心、呕吐、抽搐、烦躁不安、呼吸困难、视力模糊、意识障碍等症状，甚至昏迷死亡。

高宗经常头晕，最后更发展到头痛、失明，比较符合高血压的诊断，他最后可能死于高血压脑病。

或许有人会问，高血压大多发生在中老年人，高宗患病时才三十岁左右，可能吗？从现代临床资料来看，高血压的确会出现在中青年身上，且有患者愈来愈年轻的趋势。对于具备家族史或高危险因素的病人来说，年龄已不是他们抵御高血压的法宝了。

高压纠缠，如影随形

唐高宗正是生活在众多高血压的高危险因素之中，在没有现代医药有效降压的情况之下，只能发展至卧病在床、丧失工作能力,继而提早结束了本应精彩纷呈的人生之旅。

其一,李唐家族有遗传高血压病的重大可能。《资治通鉴》载:"贞观十九年,(唐太宗,高宗之父)得风疾,苦京师盛暑。"太宗长女长乐公主(高宗之姐)据说也得了"风疾",二十多岁的花样年华就匆匆辞世;唐高祖李渊的夫人窦氏(高宗祖母)也只活了四十来岁,不排除患心脑血管疾病的可能。风疾虽不能与现代医学的高血压直接画上等号,但毕竟范畴接近,如果太宗及其先辈果真患有高血压病,高宗同样患病的概率就比较高。

其二,李唐家族的男性祖先是北方汉人,母系则是已汉化的游牧民族鲜卑人。现代调查研究已发现,以黄河为界,北方人患高血压的几率高于南方人,一方面是族群基因不同,一方面与气候因素有关。北方气候寒冷,冬天又漫长,人体内血管倾向于长期受冷收缩,容易导致血压升高。高宗的母亲和祖母都有鲜卑族血统,可以说是不折不扣的汉胡混血儿和北方人,又长期生活在黄河以北地区,比较难摆脱高血压的纠缠。

其三,北方人的口味较重,饮食习惯容易导致高血压。血压"北高南低"的趋势与饮食差异密切相关,高血压特别钟情如下人群:喜好吃咸喝辣者、经常大鱼大肉者、长年酗酒者等。总体来看,北方人盐的摄取量较多,对预防高血压非常不利。更何况，高宗有胡人血统，可能很喜欢肉食和酒水，而古代肉类的保存又往往依赖盐，使得他进一步被推向高血压的悬崖。

其四，高宗的生活、工作压力很大，焦躁郁闷、精神紧张的人容易患高血压。唐太宗一世英名，但是晚年难免昏聩。大唐征讨辽东朝鲜，耗资巨大，生灵涂炭，民不聊生，留给高宗的是一艘危机四伏的大船，这艘船驶向何处，如何掌舵，都是历史难题。负责任、有担当的高宗殚精竭虑、废寝忘食，必然是在千头万绪中日理万机，活得很累；政坛的纷争、政事的劳碌，甚至家庭的纠纷都把他逼向高血压的魔掌。武则天年纪比他大，颇有心计和政治手腕，社会阅历和工作能力更远在其上，而且又是个嫉妒心和权力欲极旺盛的人，任何男人和这样的女人结婚，其心理压力之大都是不可估量的；此外，武后和子女们的关系一向紧张，高宗在这样的环境下生活，其病情只能是雪上加霜。

那么，高宗的人生终点又是怎样走过的呢？

恋恋不舍，洛阳落日

公元六八三年冬，洛阳城大雪纷飞。名义上统治了大唐三十四年的唐高宗李治早已筋疲力尽，严寒的天气使本来就僵硬的血管收缩得更厉害，血压在不知不觉中攀升，他时时刻刻深受眩晕、头痛的苦苦煎熬；被诱发的高血压脑病曾让他怀疑自己彻底失明，针灸放血疗法虽然短期有效，但毕竟维持不了多久。

原定亲自登楼宣布赦书那天,高宗"气逆"突然发作,接着严重的呼吸困难把一切计划安排都毁于一旦,这是高血压脑病的最后一击!高宗被扶到病榻上,在接近昏迷的那一刻,他想起了恋恋不舍的人间烟火,想起了二十多年来碌碌无为、抑郁唏嘘的政治生涯,想起了活在皇后威严下的皇子、公主,想起了身后大唐帝国的何去何从,更想起了陪伴他大半生的结发妻子……

不管高宗最后带着什么样的心情离开人世,也该在九泉下觉得欣慰了。大唐帝国虽然一度被"武周"取而代之,但理智的武则天在弥留时还政于自己的儿子,李唐不仅得以匡复,而且不久便一跃成为当时的超级大国,荣耀和赞叹不绝于世。武则天逝世前,还决定以皇后之礼与高宗合葬于乾陵,直到一千多年后的今天,他们夫妻合葬的地宫是唐代帝陵中唯一保存完好的。

似乎在冥冥之中,上天总是公平的。

【注释】

① 《新唐书·卷三·本纪第三》:"太宗尝命皇太子(李治)游观习射,太子辞以非所好,愿得奉至尊,居膝下。"

② 《新唐书·卷四·本纪第四》:"高宗自显庆(六五六年

正月至六六一年二月，高宗年号之一）后，多苦风疾，百司奏事，时时令后（武则天）决之，常称旨，由是参豫国政。后既专宠与政，乃数上书言天下利害，务收人心，而高宗春秋高，苦疾，后益用事，遂不能制。"

③《旧唐书·高宗本纪》："十一月……行封中岳礼，上（唐高宗）疾而止。上苦头重不可忍，侍医秦鸣鹤曰：'刺头微出血，可愈。'天后（武则天）帷中言曰：'此可斩，欲刺血于人主首耶！'上曰：'吾苦头重，出血未必不佳。'即刺百会，上曰：'吾眼明矣。'……丁未，自奉天宫还东都。上疾甚，宰臣已下并不得谒见。"

④《旧唐书·高宗本纪》："十二月己酉……将宣赦书，上欲亲御则天门楼，气逆不能上马，遂召百姓于殿前宣之。礼毕，上问侍臣曰：'民庶喜否？'曰：'百姓蒙赦，无不感悦。'上曰：'苍生虽喜，我命危笃。天地神祇若延吾一、两月之命，得还长安，死亦无恨。'是夕，帝崩于真观殿。"

⑤《圣济总录·卷十六》："风头眩之状，头与目俱运是也。五脏六腑之精华，皆见于目，上注于头。风邪鼓于上，脑转而目系急，使真气不能上达，故虚则眩而心闷，甚则眩而倒仆也。"

远离病榻

如何防治高血压？请保持平和、豁达的心态和规律、有序的作息；睡眠充足；注意饮食的清淡（比如，每天摄盐量应低于5克；勿过多食用肉类和摄取油脂；保持饮食均衡；多吃含纤维质高的食物）；戒烟限酒；控制体重；适当运动（比如，达到一定速度的步行、骑车或练习气功、游泳等，避免过度剧烈的体力活动），最后才是诉诸药物。同时，建议中老年人或有家族病史的朋友每周测量一次血压。

苦不堪言

——足疾剧痛的元世祖

历代帝王病历表

病历号码：EMAD1215003

病人基本资料：

姓　　名：孛儿只斤·忽必烈		身　　份：元世祖	
享　　寿：79 岁		民　　族：蒙古族	
生活区域：北京—内蒙古		生活年代：公元 1215 年—1294 年	
病史摘要：反复下肢关节疼痛			

　　两百多年前，英国浪漫主义诗人柯勒律治（Samuel Taylor Coleridge）以奔放不羁的想象力和幽婉浓郁的异国情调，写下了一首神秘的魔幻诗作：

忽必烈汗在上都（Xanadu），

曾经下令修建一座富丽堂皇的逍遥宫：

这里有圣河阿尔浮流奔，

穿过深不可测的洞窟，

注入不见阳光的大海。

……

令他心驰神往的"Xanadu"就是文学艺术化的元上都（今内蒙古正蓝旗附近），而这首诗名为《忽必烈汗》。时至今日，"Xanadu"和忽必烈依然是西方人津津乐道的话题。

忽必烈，成吉思汗之孙，蒙古帝国在中原地区的霸主，第一位统治全中国的少数民族皇帝，他把国号定为"元"，一二六〇年在元上都登基，庙号"世祖"。与成吉思汗以武功震撼世界不同，忽必烈以文治著称天下，为建立多民族、多文化并存的国家奠定了基础。

在柯勒律治的想象中，大汗忽必烈在梦幻花园中过着天上人间、逍遥自在、恰然自乐的生活，不过柯勒律治似乎未熟读中国历史，他不知道这位上都的主人，几十年来一直被某种病痛折磨着。

莫名之病，英雄气短

忽必烈的大半生都是在尸横遍野的沙场上、在尔虞我诈的宫廷中度过，无数的对手，包括势同水火的兄弟和负隅顽抗的南宋，都不得不臣服于他的利剑之下。可是有一个敌人始终如幽灵一般，不时地把他推向痛不欲生的深渊，几乎毁掉他的事业和前程，却无法彻底征服，它就是"足疾"。

早在其兄长蒙哥担任大汗时期，负责漠南事务的忽必烈就以开阔的胸襟和深远的视野，采用汉法治理中原地区，取得了卓越的政绩，却招致坚持用蒙古旧法的老贵族们强烈的反对和中伤，蒙哥由此深深猜忌并想方设法打压忽必烈。

一二五八年，蒙哥兴师伐宋，以忽必烈患"足疾"为名，不给他统兵之权。忽必烈被迫赋闲在家，抑郁万分，那一年，他四十三岁。无独有偶，六百五十年后，清摄政王载沣为报复袁世凯，也是以"现患足疾，步履维艰，难胜职任"的借口将这位军机大臣开缺，命其回乡养病。不管两人的足疾严重到什么程度，或多或少带有"被"患病的色彩，只是被政治伎俩玩弄的结果。

与袁世凯一样，忽必烈很快东山再起，趁着蒙哥在征战南宋途中暴毙，捷足先登，击败与之竞争的弟弟阿里不哥，一举夺得蒙古大汗宝座，开始大展宏图。不过，中年之后，足疾似乎愈来愈严重，以至于经常卧榻办公，显得有点力不从心。①看来，忽必烈有时真是一副病恹恹的样子。

元朝人熊太古《冀越集》里介绍广西物产说："木狗，生广南左右江山上，形如黑狗，能登木，其皮为衣褥能运血气。元世

祖有足疾，取以为袴，人遂贵重之。"《本草纲目》认为木狗皮可
"除脚痹风湿气，活血脉，暖腰膝"。忽必烈穿木狗皮制成的裤
子，以此来治疗脚上的病是可以理解的。熊太古生于元末，时
代距离忽必烈不远，记述应较为可靠。由此得知，忽必烈患足
疾的传闻早已家喻户晓。

此外，关于忽必烈患病最详细的记录，莫过于元初御医许
国祯传记中的一则故事。《元史·列传第五十五》记载道：

> 世祖过饮马湩，得足疾，国祯进药味苦，却不服，国祯
> 曰："古人有言：良药苦口利于病，忠言逆耳利于行。"已而
> 足疾再作，召国祯入视，世祖曰："不听汝言，果困斯疾。"对
> 曰："良药苦口既知之矣，忠言逆耳愿留意焉。"世祖大悦，
> 以七宝马鞍赐之。

马湩就是用发酵马奶酿造的"马奶酒"，忽必烈饮这种酒过
量，导致足疾反复发作。许国祯不仅治其病，还用"良药苦口"、
"忠言逆耳"的引申之理启发他，真儒医也！

然而，这种令忽必烈痛苦不堪的足疾究竟是什么病呢？

追根究底，所患何病

也许有人会认为，既然忽必烈年轻时四处征战，漂泊不

定，遍历自然环境之险恶，后来利用木狗皮除"风湿气"的功效治病，那么他患的该是风湿性关节炎。这说法有点言之过早，"风湿"是源于古代中医的词汇，在此暂不讨论忽必烈的中医辨证。现代西医也有"风湿"一说，不过是翻译上借用中医之词而已，对照的是英文"rheumatism"一词，与传统中医的"风湿"在概念上大相径庭。"风湿性关节炎"是个不折不扣的西医术语，忽必烈到底有没有得过呢？

风湿性关节炎是风湿热的一种局部表现，风湿热是由A组乙型溶血性链球菌感染所致的全身反应性疾病，好发于青少年。风湿性关节炎的典型表现是轻度或中度发热，常为游走性多关节炎，即症状由一个关节转移至另一个关节，病变部位呈现红肿、灼热、剧痛，受累关节多为膝、踝、肩、肘、腕等。该病虽不会引起关节畸形，但风湿热长期反复发作，有可能损害心脏肌肉或瓣膜，导致风湿性心脏病，病人最终可能死于心脏衰竭。

忽必烈自始至终都是患足疾，没有听说患手疾、肩疾等，从这一点来看，不太符合风湿性关节炎的"游走性"特点；另外，从历史资料上看，他至迟在四十多岁就出现足疾，而且经常复发，一直熬了三十四年。如果是风湿性关节炎，这么多年下来，细菌很可能早已侵犯了心脏，引起心脏的严重器质性病变。乙型溶血性链球菌的拿手好戏就是"舔过关节，咬住心脏"，其对关节的伤害比较肤浅且暂时，而对心脏的破坏则是彻底和永久的。

　　风湿性心脏病里最典型的莫过于风湿性二尖瓣狭窄，这种心脏瓣膜简直破损得朽不可用，仿佛一扇长年生锈的窗户，难以开启。此时的心脏已严重受损，血液难以通过受损的瓣膜进入心腔；继而全身的有效供血不足，肺部则出现血液滞留，在没有外科或介入手术治疗的古代，病人只能早早到阎王爷那儿报到去了，岂能享松柏之寿？忽必烈是带病活到了耄耋之年，他的病应该不是风湿性疾病。

　　又有人怀疑忽必烈是不是患有一字之差的类风湿性关节炎，这是一种以关节滑膜炎为特征的慢性全身性自身免疫疾病，并非直接细菌感染引起，具体病因目前仍在研究中。该病好发于手、腕、足等小关节，反复发作，呈对称分布，早期有关节红、肿、热、痛和功能障碍，晚期会出现不同程度的关节僵硬，甚至畸形，并伴随有肌肉萎缩，极易致残。不过这种疾病好发于女性，又与喝酒无直接关系，因此忽必烈得此病的可能性不太大。

　　系统性红斑狼疮也是一种会引起关节疼痛的病，同时可累及全身多个器官，尤其是肾脏。在缺乏有效治疗的古代，病人很容易进展至肾脏衰竭而死。此外，这种病较少出现在男性身上；一旦出现，病情通常较女性严重得多。忽必烈倘若中年得此病，几乎不可能活到七十九岁。

　　至于化脓性关节炎、结核性关节炎等，则是由细菌、结核菌感染引起，在没有发明抗生素和抗结核药物的古代，病菌很容易扩散至全身，引起残废，甚至死亡。再说，这样的感染性疾病一般都是进行性加重的，其症状不大可能缓解一段时间，过一阵子再卷土重来，而且恐怕也不能单靠一、两剂中药迅速缓解症状。

这些常见的关节疾病不断地进入笔者的视野，又似乎与真相渐行渐远。此刻，忽必烈喝马奶酒的酣畅淋漓劲儿突然浮现在脑海里。

锁定罪魁，病症现形

不管是哪朝哪代，也不管是东方、西方，单用奢华来形容宫廷宴会都显得苍白无力。蒙古宴会的菜肴虽然是以肉食为主，但这些玉盘珍馐同样令人叹为观止。据游历元代中国的意大利旅行家马可·波罗回忆，为了使忽必烈感到舒心，日常饭食是精心制作且相当奢侈的，煮羊肉和烤全羊是两道必上的菜，再加上其他肥腻食物作为肉食的补充。一顿典型的蒙元膳食可能包括烤羊羔肉、鸡蛋、藏红花拌生菜、烤薄饼、糖茶，还有一种不可或缺的就是马奶酒。蒙古人似乎从不忌讳暴饮暴食，对美酒更是片刻不离，元代许有壬有诗句形容他们"悬鞍有马酒"。

其实马奶酒的酒精浓度不高，但由于风味独特，备受推崇。[②]蒙古的大汗们自然欲罢不能，蒙哥接见使节时曾暴饮马奶酒，直到酩酊大醉，由此可见一斑。忽必烈在治理国家的理念上与这些旧贵族格格不入，可是在生活习惯上却高度一致，甚至有过之而无不及。

喝酒诱发关节痛，就是典型的痛风（gout）！

反复发作、疼痛剧烈、缠绵不愈，甚至行动不便……说起痛风，许多病人都咬牙切齿。它有个形象的别名——帝王病，古罗马帝国西泽大帝、法兰西帝国路易七世等人，都先后不幸沦为受害者，原因很简单，这些统治者大多穷奢极欲，酒肉不离。

痛风是由于嘌呤代谢紊乱或尿酸排泄减少所引起的一种顽固的代谢性疾病。嘌呤是人体正常的代谢产物，可进一步分解成尿酸排出体外。痛风的临床表现是高尿酸血症和尿酸盐结晶（痛风石）沉积所导致的特征性关节炎。这种关节炎以反复急性发作的"红、肿、热、痛"为特点，多于酒后或夜间爆发，往往令人痛不欲生，常累及踝部等四肢小关节，最终几乎都影响到下肢关节，致使行动困难，长期患病还可能造成关节畸形和肾结石。痛风往往与肥胖、高脂血症、糖尿病、高血压病和心脑血管病沆瀣一气。它属中医的"痹症"，古老的中医文献《足臂十一脉灸经》和《阴阳十脉灸经》就有"疾畀（痹）"、"踝痹"和"足小指痹"等说法。木狗皮能"除脚痹"、"活血脉"，从这点看来，忽必烈用之以辅助治疗痛风有一定的合理性。

喝酒为何会诱发痛风性关节炎？原来酒精会抑制肾小管

对尿酸的排泄，引起人体的尿酸堆积；另外，它还可能导致肝脏核苷酸代谢增加，从而引起嘌呤增加，进而导致血尿酸升高。忽必烈虽然喝的是低酒精浓度的马奶酒，但是积少成多，估计达不到李白"人生得意须尽欢，莫使金樽空对月"的诗情，但肯定可以超越诗仙"烹羊宰牛且为乐，会须一饮三百杯"的豪情。这样的喝法，再低酒精浓度也会酿成祸害。别忘了，啤酒的酒精浓度也不高，但在诱发痛风方面是勇拔头筹的。忽必烈好酒，这是患痛风的首要原因。

高蛋白和高脂肪饮食则是患痛风的其次原因。传统蒙古人对牛、羊肉大快朵颐的形象可谓深入人心，他们对肉类如痴如醉，吃法五花八门，然而对蔬菜、水果和其他五谷杂粮却极少问津。蒙元宫廷主食虽有大麦、小麦，但菜肴仍以羊肉为主，而且主食也喜与羊肉一起搭配制作，再加上北国之地天气凉寒，人体的进食中枢一受寒冷刺激，就会食欲增加，食量增大，多吃肥甘厚味在所难免。忽必烈身处盛世且功业无双，生活资源自然无从限制，生活乐趣自然无需压抑。他从肉食中得到无穷的满足感，而痛风向来钟情于体态臃肿的胖子，从传世画像可得知，忽必烈既是彪形大汉，同时也长得肥头大耳，这样的人患痛风的可能性更高。

那些高蛋白、高脂肪、高嘌呤的食物，包括海鲜、动物内脏、"老火汤（煲汤）"、肉汤及各类荤食等，都可使血尿酸急遽升高，从而诱使痛风发作；而碱性食品（主要是各种蔬菜、水果）则能抑制痛风的肆虐，因为尿酸在碱性液体中易于溶解并排出体外。忽必烈虽很少品尝海鲜，但对上述原理一无所知，每次发病只能临急抱佛脚，无法从源头上下手。

此外，忽必烈日常喝水可能不多，这是他患痛风的第三个原因。北方地区水源稀缺，尤其是元大都（今北京附近）一带的降雨量本来就比较少。好酒的忽必烈不容易感觉到明显的口渴，自然就不愿意多接触白开水，可是体内充足的水分正是有效排泄尿酸的重要基础。

忽必烈就是在这些不良生活习惯的影响下，不时被痛风折磨得死去活来。生活对他来说，既有春风得意的时候，也有苦不堪言的一面，但忽必烈仍然能跻身于长寿帝王的行列，在寥寥无几的古稀帝王之中，也不乏长寿秘诀。

祸福相依，饮食有法

忽必烈所处的时代，正是中国空前大统一的元代。古代中国的科学文化技术（包括医学在内）在唐、宋已到达了巅峰；到了元代，中医学、中药学、方剂学、养生学、食疗学以及中成药制作工艺等，均已渐趋于完善，这是忽必烈和他的子民们身体健康长寿的物质保障之一。

历代帝王大多注重养生，忽必烈也不例外。有鉴于中年开始常受痛风之苦,他格外重视身体保养,尽管他对自身关节疼痛的机理一窍不通,元代饮膳太医忽思慧说他"食饮必稽于本草,动静必准乎法度,是以身跻上寿"。他设置执掌饮膳的太医四人,负责宫廷的"补养调护之术、饮食百味之宜",且令将每日"所职何人,所用何物标注于历,以验后效",建立了严明的规章制度,对总结食疗经验是十分有利的。可见忽必烈除了在预防痛风方面的观念较落后之外,其他方面做得还算科学、合理,否则很难解释为何这位好酒好肉的大胖汉竟然活到了当时难得的七十九岁。

值得一提的是,决定一个人长寿与否的,并非只有养生的物质基础和方法习惯,还得看这个人的综合条件,包括人生态度、思想修养、性格志向乃至心理素质等,而这些离不开长期的艰苦历练。忽必烈获得天年,但儿子早逝,最后也得"白发人送黑发人"。中国历史上披荆斩棘的开国皇帝往往较为长寿,而他们过着钟鸣鼎食日子的后代却经常早殇,你能悟出其中的道理吗?

【注释】

① 姚燧《董文忠神道碑》:"上(忽必烈)中岁多足疾。一日,枢密院奏军务,上卧画可。公(董文忠)在御榻,伏枕而跽。"

② 许有壬《至正集·卷十三》："味似融甘露，香疑酿醴泉。新醅撞重白，绝品挹清玄。骥子饥无乳，将军醉卧毡。挏官闻汉史，鲸吸有今年。"

远离病榻

旧时皇家富贵病，飞入寻常百姓家。随着人们物质生活愈来愈丰盛，痛风也变得愈来愈常见。从现代医学的角度看，预防痛风的发作应注意以下几点：

一、节制饮食，防止过胖，避免摄食过多容易引起尿酸升高的食物，如猪、羊、牛肉、动物的肝肾等内脏，沙丁鱼、鸽肉、贝类等各种海鲜，以及各种肉汤、港式煲汤等。

二、应摄取充足的碱性食品，因尿酸在碱性液体中易于溶解并排出体外。碱性食品包括白菜、芹菜、花菜、黄瓜、西瓜、茄子、萝卜、胡萝卜、西红柿、马铃薯、香蕉、梨、杏、桃、苹果等。

三、戒酒。

四、避免过度劳累、紧张、受寒和关节损伤。

五、宜多饮水，每日应饮水二升以上。饮水的时间不局限于白天，可在睡前或半夜饮水，以防止夜尿浓缩。

历代帝王病历表
病历号码：EMAD1378004

病人基本资料：

姓　　名：	朱高炽	身　　份：	明仁宗
享　　年：	47岁	民　　族：	汉族
生活区域：	北京	生活年代：	公元1378年—1425年
病史摘要：	过度肥胖，行动不便		

对于过去长年在饥饿边缘挣扎的中国人来说，肥胖是一种奢侈。曾几何时，很多瘦骨嶙峋的人把这种梦寐以求的状态与幸福紧密地联系在一起，"发福"、"富态"等词汇应运而生。不过，即使在物质生活匮乏的古代，肥胖也不见得让人人受惠，对

某位富甲天下的帝王来说，甚至是一种诅咒。

这位不幸的肥胖者就是明仁宗朱高炽，大名鼎鼎的明成祖朱棣之长子。朱高炽壮年继位，但在位不足十个月便随父而去，在二百七十六年的明代历史上，仅留下匆忙的浅浅脚印，谈不上文治武功，也谈不上祸国殃民。除了他的仁政和儒雅之外，后人对他的印象似乎只有肥胖，令他陷入无尽苦恼之中的肥胖。

体重过重，起居不便

朱高炽也许能荣获帝王体重之冠，但不一定是中国历史上最著名的胖子，他毕竟是时代的匆匆过客，在名人榜上显得默默无闻。这方面名声大噪的是"外若痴直，内实狡黠"、骗取唐玄宗信任并发动"安史之乱"的安禄山。体重严重超标的安禄山，究竟是怎样一副模样？史书上说，此人自称体重三百余斤。上马打仗，骑马进京，都要选最壮实的马，而且要准备很多匹马备用，否则马不是被压死，就是被累死。正常马鞍的前面还要特别安装一个小鞍，以便支撑那个只装有"赤心"的肚子；他走路、登阶都需要别人搀扶，大肚子上的赘肉几乎垂到膝盖。而朱高炽呢？似乎没那么夸张，但就起居不便而言，两人应该不相上下。

做太子时，胖墩墩的朱高炽受命拜谒祖陵，走路时竟需要两个人搀扶着才能成行，而且可能同时患有痛风，走得更是困难、难堪,一路上跌倒了好几次。早就觊觎太子之位的弟弟汉王朱高煦幸灾乐祸,不怀好意地挖苦了一句;幸亏朱高炽之子朱瞻基(后来的明宣宗)反应敏捷,有力回击了叔叔的嘲讽,替老爸挽回不少面子。①

对心宽体胖的朱高炽来说,颜面问题还是小事,生活不便才是大障碍,因肥胖而行动困难,只能过着手不释卷、枯坐终日的郁闷日子;虽然学问长进,修养提高,但不管是做太子还是当皇帝,都无法随心所欲地控制自己的身体,不能像祖父朱元璋和父亲朱棣那样纵横驰骋,不能轻松地与儿子们在郊野享受天伦之乐,也不能经常亲临民间体恤民情,甚至连拜谒父皇等礼仪活动,都搞得汗流浃背、气喘吁吁、跌跌撞撞、精疲力竭,这让崇尚儒学和仁爱、关心百姓的朱高炽心烦意乱。但在缺乏有效减肥手段的明朝,他也只能叹息。

脑满肠肥的安禄山由于行动不便,最后居然被自己的儿子弑杀夺位,早早结束了丑恶的一生,而朱高炽在政治上也曾一度风雨飘摇。

身形臃肿,地位不稳

朱棣并不喜欢这位长子,原因之一是朱高炽性格老实仁厚,书呆子气很重,甚至有点懦弱;这种状况固然与体态臃肿、行动不便互为因果,但朱棣欣赏的令臣民战战兢兢的霸主之气,朱高炽身上确实没有。原因之二是朱棣认为他胖得实在难看,连走路都不成样子,作为大明王朝的门面招牌,身为九五之尊,这样的体态实在有碍观瞻。在朱棣看来,太子即使做不到气宇轩昂、龙行虎步,但总不能身上一堆肥肉,一副饭来张口、茶来伸手的尸位素餐模样。另外,朱棣和亲爹朱元璋一样,自诩英明神武:上马扫群雄,下马平天下,长子偏偏窝窝囊囊,一点都不像自己,朱棣怎能不失望?

　　更令朱高炽不安的是有两位野心勃勃的弟弟,尤其是老二朱高煦,他潇洒健美,身强力壮,勇猛彪悍,是典型的武将外型。此君还真具备一定的军事才干,朱棣发动"靖难之役",兴兵南下与侄子建文帝争夺江山时,朱高煦常披坚执锐,身先士卒,几次帮助身陷绝境的父亲化险为夷。朱棣打心眼里觉得这个英勇善战的次子和自己最像,为了表达喜爱之情,也为了激励他再立新功,在一次战斗中,朱棣拍着老二的肩膀说:"世子多疾,汝其勉之!"

　　当时天下未定,朱棣还是燕王的身份,继承人叫做"世子"。自比李世民的朱高煦觉得父亲对他情有独钟,更觉得天命在身,从此便飘飘然、不可一世,对兄长的态度也愈加傲慢无礼,时时刻刻逮住机会恶意中伤之、刻意丑化之,并挑拨离间,无事生非。其实,朱棣说那句话或许只是一时高兴,并未认真做出承诺;可惜,言者无心,听者有意,朱高煦就在这种心理暗示下愈陷愈深。

在巨大的压力下，朱高炽的日子过得诚惶诚恐，即使在父亲坐稳江山之后，艰难的处境仍丝毫不变。朱棣性情暴烈，有时竟因小过错而削减太子的膳食以示警惩。遗憾的是，这样的"减肥计划"对朱高炽积重难返的胖体不过是隔靴搔痒，无济于事，朱棣甚至几次差点下决心把这个不中意的太子撤换掉。

当然，朱高炽并非一无是处。"靖难之役"初期，南方军趁北平兵力空虚，猛攻燕王的老巢，危急关头，朱高炽不顾自身行动不便，寒冬腊月亲冒矢石登城督战，还以水浇城，化冰为砖，最后竟以区区一万老弱残兵击退敌人五十万大军的轮番攻击，无疑帮他在朱棣心中加了不少分，《明史·仁宗本纪》记载他"好学问，从儒臣讲论不辍"，有学识，有文化，更有修养。

朱高炽能撑到最后即位，最重要的原因还是朱棣摆脱不了封建嫡长子继承制的传统束缚——他是徐皇后所生的长子，是日后登基的最关键因素。此外，朱棣一直很喜欢朱高炽的长子朱瞻基，逢人便称其"聪明英睿，智勇过人"，多次带着这位皇太孙出征，并在文事武备上精心培养；看来，朱棣是有意让长孙有朝一日君临天下，掌控明王朝这艘大船。朱高炽的运气，一部分正是好儿子给的。最后，朱高煦、朱高燧哥俩儿得寸进尺，恣意妄为，甚至涉嫌抢班夺权，终招致朱棣的强烈反感，无疑让朱高炽因祸得福。

一四二四年，朱棣病逝于北征蒙古途中，保住太子之位的朱高炽好不容易苦尽甘来，继承了父亲庞大的遗产，但他不知道自己也快走到生命尽头了。

过度肥胖，壮年不寿

朱高炽即位后，开始了一系列改革和平反冤狱，缓和了统治集团内部的矛盾，选用贤臣，削汰冗官，减免赋税，安置流民，废除宫刑，处处以唐太宗为楷模，使人民得到了充分的休养生息，生产力得到了空前的发展，明朝进入了稳定、强盛的时期，即史称"仁宣之治"的开端。

天不假年，正值壮年的朱高炽接班后，第二年五月便撒手人寰，《明仁宗实录》和《明史·仁宗本纪》对其死因只字不提。只知他勤于政事，死前仍日理万机，从"不豫"到"崩于钦安殿"，不过两天时间。这是典型的猝死。由于缺乏足够的史料，具体死因已淹没于历史的迷雾之中，无从推敲。

然而，他的死或多或少与过度肥胖有关，毫无疑问，朱高炽是严重的肥胖症患者。

肥胖症（obesity）是一种以身体脂肪含量过多为重要特征、多病因、能够并发多种疾患的慢性代谢性疾病，部分肥胖症患者体内的脂肪甚至分布异常。一九九九年，世界卫生组织（WHO）正式宣布肥胖是一种疾病，肥胖已成为仅次于吸烟的第二个可预防致死危险因素，与艾滋病、吸毒、酗酒并列为世界性四大医学社会问题。

肥胖者的早期表现仅是体重增加、外形改变，随着病情加重，患者会渐渐出现活动不便、气喘吁吁、极易疲乏和关节疼痛等；他们往往对自己的外表自惭形秽，甚至产生自我厌弃的感觉，因而诱发焦虑、抑郁、负疚等不良心态。虽然我们不清楚朱高炽的具体想法，但是可以肯定肥胖为他的日常生活带来了极大的麻烦，对政治生命构成过严重的威胁。而他是怎样患上肥胖症的呢？

单纯性肥胖是各种肥胖最常见的一种，约占肥胖人群的95％左右。简而言之，这种类型的肥胖不是由其他已患的疾病（如内分泌异常）引起的，单纯性肥胖又分为体质性肥胖和过食性肥胖两种。前者与家族遗传密切相关，后者是成年后有意识或无意识的过度饮食，使摄入的热量大大超过身体生长和活动所需，从而使多余的热量转化为脂肪，并促进脂肪细胞的肥大与细胞数目的增加，最终脂肪大量堆积，引起肥胖。

从传世的画像来看，朱棣虽然稍显富态，但史书说朱高炽的同母弟弟朱高煦却"轻超善骑射，两腋若龙鳞者数片"，既矫健又雄武，一点臃肿的影子都没有。至于幼年时代的朱高炽，《明史·仁宗本纪》说他"幼端重沉静，言动有经。稍长习射，发无不中"，看来尽管打小性情沉静，但动静皆宜，武艺还不错，不像是天生臃肿不堪。到了"靖难之役"时，他二十岁上下，虽已出现了动作不协调，但在战火硝烟中，依然能登城指挥作战，那时的病状应还不至于不可收拾；到了需人搀扶、被弟弟嘲笑走路跌倒时，儿子能有超强的应变能力和胆魄起码已经十岁以上，那时他大概三十多岁了，病情可能已失控。综合分析，朱高炽是一步一步向肥胖之路迈进，主要的原因并非来自遗传。

引起朱高炽患肥胖症的主因应该是不合理的生活方式——吃得过多，动得太少。由于天性文静，自小便喜欢在经、史、子、集的汪洋中遨游，慢慢磨蚀掉了祖上遗留的尚武之性，对弓马骑射逐渐疏远，以至于终日读书习字、沉思默想，体力活动自然愈来愈少。幼年生活在北方城市，北方的面食和肉食可能是他最早品尝到的人间美味；到了父亲夺得天下时，饮食上更可随心所欲，也许是为了在心理上弥补肢体活动能力欠佳的失落感，摄入多余的食物热量便成了患病的生理基础。

明代宫廷的饮食活动是极尽豪华奢侈的。以正月的菜谱为例，《明宫史》记载，食物来自全国各地，品种丰富多样，不胜枚举，主要有麻辣活兔、塞外黄鼠、半翅鹎鸡、江南蜜柑、凤尾橘子、西山苹果、软子石榴、冰下活虾、烧鹅鸡鸭、炙烤猪羊、冷片羊尾、爆炒羊肚、猪灌肠子、山羊双肠、黑猪脊肉、炸铁脚雀、卤煮鹌鹑、羊肉包子、糟腌猪蹄等，全都汇集在宫中御宴上，成为皇亲国戚的佳肴。其中不乏高胆固醇食品，而胆固醇愈高，味道便愈鲜美，后患愈无穷。真是鱼和熊掌不可兼得啊！

肥胖是人类健康长寿的天敌，可导致体内代谢和内分泌异常，从而引起多种代谢性疾病，如糖尿病、痛风等；肥胖者身体内的脂肪组织过多，代谢耗氧量加大，心脏排血被迫增加，导致心肌肥厚和血管硬化，易诱发高血压、冠心病、脑血管意外等；此外，过度肥胖还容易并发睡眠呼吸暂停综合征、静脉血栓、结肠癌和直肠癌等恶性肿瘤。现代研究已证实，肥胖症患者的寿命明显短于体重正常者。

朱高炽虽然是心平气和之人，但在这么多可怕疾病的潜在威胁下，焉能长寿？光是心脑血管方面的疾病，放任不理，很快就会尝到恶果；他最后猝死，看来并非偶然。

过于"自然"，无可救药

对待皇室权力之争，老实人朱高炽保持着顺其自然的心态。别人提醒他两位弟弟在搞小动作，向父皇进谗言，他微微一笑地说："不知也，吾知尽子职而已。"历史证明，这种以不变应万变的笨方法居然最行之有效。

对待天下社稷之治，平庸人朱高炽依然保持着顺其自然的心态。他不像父亲、祖父那样锋芒毕露、锐意创新，他最大的特点是尊重臣属的宝贵意见，重视百姓的生命价值，尽量少强迫他们做这做那，例如：郑和下西洋，他认为是劳民伤财，予以停止。历史证明这种近似"无为而治"的方略,让老百姓获得了前所未有的福祉。试想,不甘平庸又能力超群的秦始皇、隋炀帝,他们留给苍生的不就是一阵苦痛的折腾吗? 朱高炽庙号"仁宗",不为过也。

对待养生保健之道,糊涂人朱高炽,很不幸地,还是保持着顺其自然的心态。他不明了患病的规律,让个人喜好和欲望完全操控自己,从而不理智地在日常生活中早早滑向病体不可救药的深渊。历史推测,他的壮年离世与过度肥胖不无关系。

【注释】

① 《明史·卷一百十八·列传第六》:"成祖尝命(汉王朱高煦)同仁宗谒孝陵。仁宗体肥重,且足疾,两中使掖之行,恒失足。高煦从后言曰:'前人蹉跌,后人知警。'时宣宗为皇太孙,在后应声曰:'更有后人知警也。'高煦回顾失色。"

远离病榻

　　随着社会经济的快速发展和人民生活水平不断提高，肥胖者愈来愈多。在此介绍一种标准体重的计算方法：成年人标准体重应为身高（厘米）减掉100厘米乘以90%（千克）。当体重超过标准体重的10%，称为超重；超出标准体重的20%，称为轻度肥胖；超出标准体重的30%，称为中度肥胖；当超过50%，称为重度肥胖。当然，还有其他标准可以衡量肥胖程度，比如体重指数（BMI）和腰围等。

　　目前，饮食调整结合适量运动是世界公认防治肥胖最经济、有效、无副作用的方法和根本措施，也是终身科学管理体质的最佳方案。肥胖症患者应该减少久坐，增加生活中的活动量，如爬楼梯、坐车提前一站下车、自己动手洗衣服等；运动锻炼的种类很多，有散步、打太极拳、跳绳等，运动要适量，不能过度。肥胖症患者每天应限制进食量，控制总热量的摄入；配餐过程中适当进食植物油，限制动物脂肪摄入量；食物要以谷类的杂粮为主食，可适当摄入蛋白质，如蛋、豆制品、鱼等；多采用蒸、煮等烹调方法，忌用油煎、炸的方法。

历代帝王病历表
病历号码：**EMAD1592005**

病人基本资料：

姓　　名：	爱新觉罗·皇太极	身　　份：	清太宗
享　　年：	51 岁	民　　族：	满族
生活区域：	辽宁—河北	生活年代：	公元 1592 年—1643 年
病史摘要：	长年饮食肥腻，中年辞世		

　　皇太极是继其父努尔哈赤之后，又一位杰出的满族政治家和军事家，曾以"黄台吉"等名称在明末文献中反复出现。现代学者多认为"皇太极"并非真实名字，而是其尊号，来源于满语的音译。他"宏谋远略，动中机宜，料敌制胜，用兵如神"，为

大清皇朝的定鼎华夏奠定了坚实基础,庙号"清太宗"。他的文治、武功和谋略都是中华文化宝库里珍贵的遗产。看来,这个汉语译名使用得恰如其分。

努尔哈赤去世后,皇太极即位,对内,继续完善了后金的政府体制,改族名"女真"为"满洲",改国号"大金"为"大清";在外,逐步确立了统一战争的宏伟战略,平蒙古、臣朝鲜、攻明朝,战果累累。

就在大明王朝即将土崩瓦解之际,刚过天命之年的皇太极却带着遗憾过早离开了人世。《清实录·太宗文皇帝实录》记载:"崇德八年八月庚午,是夜,上无疾,端坐而崩。"事实果真如此简单吗?将诸多史料的零星记载连缀起来分析,不难发现,皇太极绝非"无疾而崩",而是"久病不愈、多疾缠身"。

中年之后,病体恹恹

皇太极的天赋,无论是智力还是体格,都是一流的。史书说他"天表奇伟,面如赤日,严寒不栗……天赐睿智……耳目所经,一听不忘,一见即识。又勇力轶伦,步射骑射,矢不虚发",日后的康熙帝似乎得到他的隔代遗传。然而中年之后,皇太极的身体不免日渐丰硕。他有爱驹两匹,名唤大白、小白,每次出行必备之,大白载他日行五十里就累得气喘吁吁,小白也不过日行百里。

　　《沈阳状启》第一次记载皇太极患病的时间是一六四〇年
（崇德五年），当年二月，他有"微恙"，未能出席宴会；同年七月，
因"皇帝有疾"，满清大赦死罪犯人以示皇恩浩荡，为皇帝祈福；
月底，他病情加重，实在撑不住，只好扔下军政大事，直奔鞍山
温泉养病去了。泡温泉确实有舒筋活络的功效，笔者推测皇太
极当时可能患有关节炎、二型糖尿病或脑血管疾病；因为二型
糖尿病可引起周围神经病变，导致病人肢体麻木；而早期的脑
血栓形成，也会让病人有肢体麻痹的感觉。

　　在鞍山温泉疗养了一个多月后，皇太极觉得身体稍见好
转，决定返回盛京（沈阳），岂料不久病情再次加重。按《沈阳状
启》的描述，十月二十五日，皇太极忽然"气不甚平（呼吸急促）"，
无法赴宴；当天是他的诞辰，连自己的生日宴会都未能参加，足
见病情是何等严重；到了十二月，朝鲜国王世子凤林大君回国，
皇太极命人向其转达因病不能迎送的歉意；此后直到次年年
中，他一直在静养之中。分析上述症状，皇太极可能出现了急性
左心衰竭，而导致这种状况的中老年人最常见的病因是冠心病，
在当时的医疗条件下，病人卧病在床半年以上完全是可能的。

　　一六四一年八月，明清松山大战一触即发，皇太极决定带
病亲征。不料，新的症状出现了：行军途中，皇太极突然鼻血
流不止，必须用碗承接①；几天后，鼻血才被止住。这次发病显
现皇太极很可能患有高血压病，因高血压导致鼻出血是常见现

象。高血压或动脉硬化的患者,本来鼻腔血管的脆性就会增加,尤其是鼻腔后部血管的弯曲度较大,经常接受血流冲击,在血压波动时,鼻腔血管就容易发生破裂出血。此外,长期高血压也使鼻腔静脉系统处于瘀血及扩张状态,一旦血压波动则易使鼻腔静脉破裂。高血压病人鼻出血表示血压不稳定,需要高度警惕,可惜古人没有这方面的知识。

原本抱病征战的皇太极,在战场上又突遭五雷轰顶般的打击:爱妃海兰珠病危。他立即星夜疾驰回京,然而尚未进城,便接到海兰珠去世的噩耗,悲恸过度的皇太极,病得更严重了。

其后,皇太极只能持续处于休养状态,病情时好时坏。一六四二年十月,"圣躬违和,肆大赦。凡重辟及械系人犯,俱令集大清门外,悉予宽释"。显然他的病情再次加重,不得不用大赦的方式向上天祈福。不久,他向诸亲王交出了处理日常行政事务的大权,说明确实力不从心,似乎已意识到死亡正步步逼近。这年十二月,嗜好射猎的皇太极带病出游,由于体力大不如前,巅峰时期一箭可射穿两只黄羊的他,那次却一无所获。

转年正月,皇太极卧病不能祭天,更不能接受群臣朝贺;之后数月,清廷又向寺庙诵经祈祷,又施舍白银,都是为了希望他早日康复。四月初六,据朝鲜《李朝实录》记载,皇太极遣人向朝方索求一种名为竹沥的药材,并索派名医前来会诊;传谕诏令的人曾告诉李朝世子,皇帝患有风眩之病。可见皇太极很可能出现过头晕或眩晕等症状，这些都与高血压病密切相关。

当年八月庚午夜晚，皇太极如常处理完公务，坐在清宁宫休息，宫内长时间无声无息，预感情况有异的内侍进门探看时，皇太极已成了一具遗体，斜靠在背垫上。两年多前，他就可能因冠心病发作过一次心力衰竭，猝死的病因自然首推冠心病中的急性心肌梗死，至于"高血压导致脑出血致死"，也并非全无可能。清人编撰的《清实录·太宗文皇帝实录》宣扬自相矛盾的皇太极无疾而终，最重要的原因是他死得太突然。五月至八月间，他病势缓和，尚能应付一般政务，死前并无常见的半天到一两天的弥留之态，倒印证了心脑血管疾病的凶险。

综上所述，皇太极很可能罹患冠心病、高血压病、脑血管疾病甚至二型糖尿病。为什么一大堆相互影响的顽疾都集中在他一个人身上呢？这个问题值得深思。

潜在元凶，轻忽肇祸

有一种病可以把它们兜在一块，就是高脂血症（hyperlipidemia）。

现代医学研究证明，高脂血症是冠心病（包括心肌梗死、猝死）和脑血管疾病产生的重要危险因素，它也能促进高血压病、糖耐量异常和二型糖尿病的形成。脂类主要包括胆固醇和甘油三酯（triglyceride），血脂的来源主要有两条途径，一条是外源性的，即每天进食的脂类物质经消化吸收后进入血液；另一条是内源性的，就是人体正常代谢过程中，由肝脏、脂肪细胞及其他组织合成释放进入血液。脂类本来是人体细胞和组织不可或缺的构成原料，但是体内含量过高会造成严重后果。

大量脂类物质在血浆中移动、沉积，降低了血液流速，透过氧化作用黏附并长期赘生在动脉血管内壁上，损害了动脉血管的内皮，最终形成阻塞血管的黄斑块，此为动脉粥样硬化。长此以往，血管腔内变窄，血流量难以为继；对心脏而言，心肌灌注血量减少，造成心肌缺血，就是冠心病，严重者血液供应中断、心脏停跳；对脑部而言，就是脑血栓形成，容易造成脑梗死，严重者出现偏瘫，甚至因呼吸—循环中枢受损而死。

血脂数值升高对人体维持正常的血压很不利，正常人的血管内膜是光滑通畅的，血脂会在内膜下逐渐沉积，影响血管通畅度，增加血流阻力；血脂大量沉积造成的血管壁硬化，会使血管弹性下降；血脂过高也会引起血液黏度升高，同样增加血流阻力。这些原因均能导致高血压病的恶化。

高脂血症与二型糖尿病亦能相互促进。糖尿病引起血脂增高的原因是病人胰岛素不足时，体内脂酶活性随之减低，造成了血脂分解减少，堆积过多；而高脂血症患者由于胰岛素受体数目相对减少，产生了胰岛素抵抗，从而诱发或加重了二型糖尿病。

值得注意的是，高脂血症本身很少出现明显的症状，因此往往被人忽略,经常是在已造成心、脑血管损伤后,抽血化验才发现。这种疾病固然与遗传因素有某种程度的相关性,但不合理的生活习惯同样扮演着重要的角色。

那么,皇太极的哪些生活习惯容易导致高脂血症呢?

膏粱厚味,营养失调

以下是19世纪中期一份普通的清宫早膳食谱:

火锅两品:羊肉炖豆腐、炉鸭炖白菜;

大碗菜四品:燕窝"福"字锅炖鸭子、燕窝"寿"字白鸭丝、燕窝"万"字红白鸭子、燕窝"年"字什锦攒丝;

中晚菜四品:燕窝肥鸭丝、溜鲜虾、三鲜鸽蛋、脍鸭腰;

碟菜六品:燕窝炒熏鸡丝、肉片炒翅子、口蘑炒鸡片、溜野鸭丸子、果子酱、碎溜鸡;

片盘二品:挂炉鸭子、挂炉猪;

饽饽四品:百寿桃、五福捧寿桃、寿意白糖油糕、寿意苜蓿糕;

燕窝鸭条汤;鸡丝面。

看罢,有人痛骂统治阶级的穷奢极欲、铺张浪费,亦有人暗自摇头,甚至嗤之以鼻,这样的饮食方式不吃出病来才怪!

满族先人在东北严寒的白山黑水间世代过着食肉、衣皮的艰苦渔猎生活，他们的饮食习惯带有浓厚的北方民族特色，以畜禽为代表的肉类、以饽饽为代表的黏食糕点。他们吃的肉来源于猎取的獐、狍、鹿及捕捞的鱼，主要是饲养的猪、羊，尤其喜欢用动物的血和肠煮羹。猪肉多用白水煮，谓之"白煮肉"，设大宴时多用烤全羊。

此外，满人素有爱吃黏食的习惯，因为黏食不仅可口，而且抗饥饿，常吃能保持身强力壮。这种黏食适合远程外出的狩猎活动和出征作战，也曾成为八旗军的军粮。

美酒也是他们的至爱，一方面是户外活动御寒所需；另一方面，他们的酒确实甘醇诱人。虽然随着清朝入主中原，满清贵族的生活日趋精致，但万变不离其宗，传统的饮食特色依然非常鲜明，那份菜单只是日常食谱的冰山一角，即使在物质条件非常充裕的情况下，他们的饮食搭配并不科学合理，肉类太多而蔬菜太少。

身居巍峨宫殿的汗王或帝王，不仅在政治上拥有至高无上的权力，同时饮食享受凌驾于千万人之上，拥有最好的物质享受。努尔哈赤建立后金之后，在满族饮食习惯的基础上，逐渐形成了他们民族的宫廷膳食；当时虽然有专用的御厨，但膳事用度还算不上豪侈，肴馔也算不得过于讲究。所谓宫廷宴席，基本上延续满族传统，以各类家畜、家禽和野兽肉为主要原料，经由煮、炖、蒸、烧、烤等原始方法制成，以大盘和大碗盛装，具有浓重的牧猎餐饮特点。

皇太极创建皇宫后，在宫廷的日常饮食中，肉食和野味仍占有重要地位。为了满足皇室要求，在皇太极居住的清宁宫后面甚至建有"肉楼"，专供贮藏肉食之用；皇太极特别爱吃黏食，喜尝用黄米和粳米做成之糕，而各类饽饽、黏豆包、黏火勺更是最爱的主食；爱喝的酒以烧酒为主，也有米酒、黄酒、奶子酒和清酒等。

战场上斩获无数的皇太极除了在餐桌上经常接触肉食和黏食之外，还频繁参加名目繁多的宫廷宴会，可谓五天一小宴、十天一大宴。据史料记载，皇宫内的宫廷宴会主要有家宴、婚宴、大宴和筵宴等，不一而足。宴时，他有专用的大桌，个人所用牲畜需十多只（当然不可能一个人全部吃完，大概每款菜色都浅尝辄止），还有各种野味、家禽以及各式乳制品和海味；主食有种类多样的饽饽；至于土酿美酒、蜜制甜食，也是必不可少的。可以想象，那些大大小小的宴会上，庭外冰天雪地、朔风凛冽，宫内热气腾腾、人声鼎沸。宴会伊始，手捧着一道道佳肴妙馔的仆人鱼贯而入，将珍馐百味摆在一张张席桌上，必定宛若天女散花，蔚为壮观。凯旋的皇太极与大臣们志得意满，脱下裘衣獭帽，围着火锅，大快朵颐，喝酒猜拳，好一派欢乐景象！满人又特别重视祭祀活动，林林总总，每次都杀猪献牲，众人事毕必肉不离口、满嘴流油。

古人完全没有胆固醇的概念，更无法知晓这些物质与疾病、寿命的关系。他们认为能提供必需营养的肉食不但美味可口，而且象征着幸福和富足，体魄强壮和身体肥胖被彻底混淆，于是，皇太极便在这些食品上纵情享受。肉类和动物脂肪本身含有大量胆固醇，进入人体内便大量蓄积，成为可怕的不定时炸弹。清宫两百多年的宫廷膳食均深受祖先的影响，猪、羊肉和鸡、鸭肉成为主角，而蔬菜等富含膳食纤维的食品却鲜有露脸的机会。皇太极的后代康熙帝、嘉庆帝都有患心、脑血管病的重大嫌疑，皇太极很可能深受其害而浑然不知。尽管青少年时期骑射功夫了得，但中年之后，由于军政日益繁忙和生活养尊处优，锻炼身体的机会愈来愈少，射猎慢慢演变成纯粹的娱乐活动，并非月月举行。据此推想，皇太极由于摄入肉食太多，又缺乏必要的体力活动，体内的胆固醇、甘油三酯代谢、消耗明显减慢，导致了血脂数值升高，至于过量饮用酒精，对高脂血症的产生也有推波助澜的作用。

黏食富含黏性物质，人们常用来制作汤圆等甜品的糯米就是黏食。满人的黏食多以黏米、黏谷子、黏高粱和黏糜子为原料，制成饽饽、萨其马、芙蓉糕、打糕和驴打滚等，这些食品含有植物黏性物质，的确可以养胃健脾、滋养身体；但黏性物质含有的黏性多糖是容易消化和吸收的糖类，在体内会迅速转化成葡萄糖；因此，经常吃黏性食物会引起血中葡萄糖含量升高，不仅容易诱发二型糖尿病，而且葡萄糖既可转化为胆固醇合成的必需原料，也可以参与合成甘油三酯，最终促使血脂升高。皇太极喜爱黏食，再加上满人的糕点常用蜜糖制作，他的体内应该摄入了过多糖分，这些对高脂血症的形成都是极其重要的因素。

皇太极很可能在不知不觉中患上了高脂血症，是日后同时罹患多种严重疾病的重要原因，为他的早逝种下了隐患。大明王朝十几万军队悉数完败于其手，大明王朝广阔的辽东地区几乎彻底被其征服，在这些看得见的大敌面前，皇太极仿佛是战无不胜的战神；然而，在香肉、甜糕面前，他无法抵挡诱惑，沦为美食的俘虏，也可说是败给了另一种意义上的"糖衣炮弹"。

那幅传世的画像描绘了他稍显发福的脸庞，凝住了胜利者的自负；也似乎描绘着眼皮下无限惆怅的眼神，似乎寄托着病入膏肓者对人世的恋恋不舍。如果他的身体再健康些，那么挥军闯进山海关、收降吴三桂、席卷大江南北的，就不是擅权的弟弟多尔衮（睿亲王）；在紫禁城称孤道寡的，也不是年幼无知的儿子福临（顺治帝）。雄才大略的皇太极，何其憾也！

山峻则崩，木高则折

"山峻则崩，木高则折，年富则衰，此乃天特赐朕以忧也。"是皇太极说过的话。他在大病之后，预见了自己在盛年走向衰亡的悲剧命运，虽有点为时已晚，但他在历史上并不孤独。终年五十岁的唐太宗李世民、终年四十九岁的宋太祖赵匡胤、终年三十八岁的后周世宗柴荣、终年四十五岁的辽太宗耶律德光……同样是在事业巅峰时期仓促离世。这些帝王的体质千差万别，所患的疾病也不尽相同，但为何都在春风得意、踌躇满志之际突然倒下呢？

正因他们曾经拥有过于强壮的体魄，弓马娴熟，战场上所向披靡；正因他们一直拥有超凡的眼界和能力，身后的帝国蒸蒸日上、生机勃勃；也正因他们这些过人之处，使得自我陶醉于个人神乎其神的旺盛生命力，从而丧失了危机感，尤其是对自身健康的危机感，继而放纵欲望，挥霍生命的本钱，最终大大缩短了与死神的距离。

也许很早就备受头痛的煎熬，比他们生活年代早得多的魏武帝曹操，似乎更懂得如何在建功立业与保健养生中寻求最适当的平衡点。他有诗曰："盈缩之期，不但在天。养怡之福，可得永年。"在群雄争霸中，他武功赫赫，独领风骚，奠基魏国，论军政才能，不输上面提到的诸位帝王；而论长寿福气，终年六十五岁的曹操完全可以不屑地对他们说："不过尔尔！"

【注释】

① 《清实录·太宗文皇帝实录》："上行急，鼻衄不止，承以碗。"

远离病榻

高脂血症是可以防治的。在日常生活中，请做到如下几点：

一、改善膳食，少吃动物脂肪及内脏、甜食及淀粉类食物；多吃植物蛋白、橄榄油、蔬菜、水果，以及鱼类。

二、减轻体重。

三、加强体育锻炼，有氧运动每周至少三次，每次最好坚持三十分钟以上。

四、戒烟，适量饮酒。

五、控制影响血脂的其他疾病。

六、已患有高脂血症者，尤其是四十岁以上的男性、停经后的女性，或者有高血压、糖尿病、冠心病等并发症的危险群，均应定期化验血脂，以期早治。当高脂血症确诊后，首先应进行饮食的调整、生活方式的改善，以及影响因素的控制，在此基础上，再进行药物治疗。

第二章 血管杀手狙击帝王

万物气息存管脉，

黎民天子同凉。

血栓血溢猝难防。

元神心肺毁，

身废或身亡。

财气焦思添酒色，

年高又着情伤。

阴阳骤觉两茫茫。

南柯空一梦，

壮志痛灰扬。

病入膏肓

——如厕猝死的晋景公

历代帝王病历表
病历号码：EMBC0500006

病人基本资料：

姓　　名：姬据（又名獳）	身　　份：晋景公
享　　年：不详	民　　族：汉族
生活区域：山西翼城一带	生活年代：公元前？年—前581年
病史摘要：排便时猝死	

　　两千五百多年前，春秋时期的一个夜晚，北方某大国的宏伟宫殿里，老国君和大臣们正开怀畅饮，兴致勃勃地和爱卿们纵横驰骋于美食佳肴之间，觥筹交错、酒酣耳热之际，他忽然想起了什么，赶紧找身旁的小臣耳语了几句，小臣心领神会地退

下；不久，厨子托着一大盘食物献于国君面前。"这是今年新割的麦子！寡人带头尝尝鲜！"平素应该很少吃五谷杂粮的国君，依旧红光满脸，在好奇心的驱使下，举起双筷正要饱餐一顿；这瞬间，肠肚之间有股怨气猛然飘起，不得不充满歉意地离席而去，匆忙走进五谷轮回之所，但谁也料想不到，这一去竟是永别……

第二天，老国君死在厕所里的噩耗举国蔓延！这位旷古未有的死者便是晋景公——晋文公之孙、"赵氏孤儿"的编导之一，也是成语"病入膏肓"、"二竖为虐"的始作俑者。

离奇之死，独一无二

茫茫史海，中国历代君主多如过江之鲫，寿终正寝者有之，投环自尽者有之，捐躯疆场者有之，惨遭毒手者有之，活活饿毙者亦有之，甚至娱乐至死者恐怕也不只一两个。死在龙床上，确实是死得其所；死于敌人之手，也算不失为一条好汉。而晋景公呢？却是掉到茅厕里，臭烘烘地死去，真可谓君王死法一绝，前无古人，后无来者。

晋景公是怎么死的？有一说认为是淹死。可是古代宫殿的厕所，再简陋也不至于只在鱼塘上搭一茅棚吧？再说，王公贵族的茅坑怎么也不会挖得很深，否则清洁困难且污臭难闻。想想慈禧老佛爷精致的水银黄沙马桶，想想西晋权贵石崇挂帐铺锦、美女做伴的厕所，谁都不会觉得贵族的厕所会把人溺毙。晋景公即使失足坠厕，也会拼死自救或有近侍相救吧！另有一说认为是政治谋杀，目前史料不足，证据阙如，暂不考虑。笔者个人倾向于暴病而亡。

史书佐证，病入膏肓

关于景公人生的最后一程，《左传·成公十年》记载得比较详细可信。就病情发展而言，这年夏四月，景公开始"病"了（文言文里，"病"和"疾"是两个不同的概念，前者严重而后者轻微）。《史记》甚至记载他"立其太子"为君，自己退居二线，大概连景公都怀疑大限将至了。一个多月后，即当年六月丙午，景公暴死，病重至死亡大概两个月。

《左传》描写了两个与噩梦有关的故事。景公因灭掉赵氏一门而做贼心虚，夜里曾梦见一只大厉鬼，披头散发地报复索命，扑面而来，景公吓得一躲再躲，厉鬼把门窗一一撞碎，穷追不舍，景公在惊恐万状中挣扎而醒。翌日，求助于巫医，巫医随后判断他病重，诚恳地说："主公您活不到麦子收成的季节了。"其实，这位巫医和今天不少医师一样，缺乏有效而温馨的沟通技巧，他可以婉转地说："主公您今年秋天有一道难关，如果大步跨过了，那么日后定能逢凶化吉。"可惜，他说得如此直接，作为病人的景公听到这样的"乌鸦嘴"，焉能不气得暴跳如雷？

不甘坐以待毙的景公从秦国请名医来会诊,名医未到,景公又做一梦,梦见身上有两个小病魔(二竖子)在折腾,一个慌张地说:"神医来啦,我们怎么办呢?"另一个狡猾地回应:"怕啥?我们藏在老爷子膏(心脏尖部的脂肪)以下,肓(隔膜与心脏之间)以上的地方,任凭神医的针灸和汤药如何厉害,都奈何不了咱们的!"会诊结束后,名医的判断居然和景公的梦境一模一样:病根子在膏下肓上之处,神仙也只能望之兴叹了!

景公终于认命,重赏把名医打发走,放弃治疗,得过且过。最后,便是开头的那一幕惨剧发生了:"如厕,陷而卒。"不过,景公本人并未意识到死神会在此时给他一次致命突袭,显然还庆幸地认为自己活过了麦子收成的季节。为了证明巫医的"诅咒"是错误的,自负的景公在吃麦子之前把那位巫医给杀了。唉,这玩笑开得太大了!

血栓成形,步步紧逼

那么,景公是死于什么疾病?笔者认为最大的可能是冠心病(coronary heart disease)。在这一门类里,最强力的杀手来自心脏表面的冠状动脉之内,最可怕的表现形式是急性心肌梗死(acute myocardial infarction)。人体心脏表面分布着若干条冠状动脉,肩负着给心脏肌肉和传导系统提供血液和养分的重要使命。这些血管里,随着年岁增加和不良物质的沉积或破坏,可能会长出血栓,逐渐阻塞血流,任何一处出现狭窄都可能造成胸闷等身体不适,长此以往会造成心脏功能恶化,称为心绞痛;任何一处出现完全闭塞会造成心脏不可逆的损伤,严重者直接导致心脏停跳——死亡,这就是急性心肌梗死。

先从危险因素说起。景公在位十九年,生年已无可考,但是国家立新君,除非迫不得已,一般都是让成年人接班,按照春秋时的习惯,老国君若没有成年儿子,有可能会让其弟接班。景公接父亲晋成公之位有确凿的记载,从即位后的表现来看,他比较善于纳谏,有一定明辨是非之力,可见政治上比较成熟,那么他即位时可能已经三十岁左右或更老一些,推算发病时年约半百。

人到中年是冠心病的危险因素之一。如果是寻常百姓,大多以五谷杂粮为主食,对普普通通的麦子不会有特别新奇之感;而景公居然突发奇想要尝尝,可见平素接触五谷杂粮甚少,很可能与众多帝王一样,只追求山珍海味或酒池肉林。过多的酒精是人体血管的害群之马,而过多的肉食和糖分容易引起血脂、血糖升高,对冠心病的形成有推波助澜的作用。相反的,五谷杂粮(主要是米、麦、粱、豆)含有许多可以抵抗冠心病、高脂血症、糖尿病的重要营养素,如不饱和脂肪酸等,是人体健康的良师益友。景公有可能犯此第二危险因素——饮食习惯不健康。

另外，景公残杀了赵氏一家，他非暴君，自知做得太过分，产生悔意和良心谴责，连噩梦都和赵家有关，最后只得找到仅存的赵氏孤儿延续赵家香火。可见他的精神压力应该非常大。这种抑郁、忧闷、烦恼、不安的心理，正是第三危险因素。而作为一国之君，长期过着养尊处优的生活，甚至饭来张口、茶来伸手，身体容易发胖，并易罹患高脂血症、糖尿病、高血压病等代谢疾病，这是第四危险因素。

接着，我们不妨分析一下景公的病情。心脏居于胸廓之左，膏以下，肓以上，不正是心脏的位置吗？典型心绞痛病人会觉得胸口左侧有压迫的闷痛，严重时有濒临死亡的感觉。

《左传》不是科普书籍，是精炼的历史档案，虽然未记载景公有什么具体症状，但正所谓日有所思、夜有所梦，景公很可能在日常生活中反复体验到心绞痛的折磨，才会在夜间梦见病魔隐藏在心脏或左胸附近；甚至一条冠状动脉可能已经堵闭过，实际上得过心肌梗死，只是侥幸存活下来，但心脏功能的衰退，使他难以自如地活动，而且气喘吁吁、大汗淋漓、难以平卧，进而经常觉得呼吸困难或双腿浮肿。

工作态度认真的巫医，无疑是见过这样的病人，只是那时没有"冠心病"、"心力衰竭"、"心肌梗死"的说法罢了，但他仍大胆说出令景公恼怒不已的预言。其后的秦国名医更是经验丰富，在缺乏介入技术和溶栓技术的春秋时期，再厉害的医生也无法妙手回春了,明智之举只能是知难而退。

致命梗塞,回天乏术

我们再回到六月丙午那个诡异的晚上吧! 酒过三巡,菜过五味之后,杀掉巫医的景公得意洋洋,醉意浓浓,"你小子胆敢诅咒寡人活不过麦子成熟时? 哼! 寡人要活到明年蜜桃成熟时还不止呢! 真正活不过的是你!"此时此刻,景公的血管内(尤其是冠状动脉)奔涌的不只是血液,还有刺激的酒精。因摄入油脂和肉类太多而产生的垃圾物质,正混着酒精和血液,在冠脉深处随波逐流,随意地沾黏到血管壁上,死赖着不走;生命的交通在线因此愈加拥挤,事故一触即发;而被情绪和酒精驱使的心脏,忘了自身的病残,居然开足马力,拼命擂鼓助威,很快就后劲不足了。

景公全然不知死神正悄悄迫近。他的肠胃一向不好,因少吃蔬菜和杂粮等利于消化之物,便秘在所难免。蹲下出恭时,他突然意识到今晚想"举重若轻"几乎是不可能的,就连完成"出口任务"似乎也力不从心了;但便便是一定要排掉的,于是他使劲地、使劲地……全身紧缩、深吸气后屏气的动作,让早已超负荷运转的心脏变本加厉地狂跳,把差不多耗尽的能量和氧气毫无保留地燃烧掉! 此刻,心脏终于向交通要道——冠状动脉求救了,"老弟! 快输送血液和氧气呀! 救救我！看在你我本是同根生的面子上吧！快拉我一把！"问题是体内的缺氧环境使本已不甚畅通的冠脉更加痉挛；于是恶性循环在病魔的嘲笑中开始把生命推下悬崖。当一股血流冲向前时，前方有块巨大、油腻的斑块，由于血管痉挛，竟彻底把血管堵塞住了！弥足珍贵的救命之泉，还是闯不过这一关，眼睁睁看着几分钟之后，这条冠脉远处支配的心脏肌肉，因缺血、缺氧而凋亡。

景公感到胸口一阵剧烈闷痛，好像巨石碾压着他一样，他想喊叫、想呼救，但一切都太晚了；由于破坏的心脏肌肉范围太大，整颗心脏瞬间罢工。在主人垂死挣扎了两下之后，一切都归于平静：血流凝滞了，生命冰冷了，灵魂远去了。晋国最高级的茅厕在一番闹腾之后，似乎重归静谧，只是几分钟后，一声"扑通"巨响震惊了满座嘉宾，随后便是臣子们山崩地裂地哀嚎……

掉以轻心，平白丧命

晋景公死于不良的饮食生活习惯，死于老化、堵塞的冠状动脉，也死于刚愎自用和掉以轻心。

直到今天，晋景公事件仍以不同的版本重演着，因两千五百多年来，许多人仅仅把他的不堪与不幸看成茶余饭后的笑料，结果不少人重蹈覆辙，只不过不一定在茅厕里而已。

远离病榻

　　发现自己出现胸部压迫不适感或合并呼吸不畅、心慌，尤其在活动中或饱餐后出现，请多关注心脏状况。如果胸部疼痛程度严重或持续不能缓解，并有大汗淋漓、烦躁不安等情况同时出现，要警惕心肌梗死的可能，应及早就医，中老年男性和停经后的女性更应提高警惕。为了预防冠心病的发生，请注意如下几点：

　　一、保持乐观、平和的良好情绪，应忌暴怒、惊恐、过度思虑及过度兴奋。

　　二、适量运动，加强锻炼身体，对抗肥胖。

　　三、养成良好的生活、饮食习惯。平时少吃胆固醇高和辛辣刺激的食物，多吃富含维生素C的蔬菜、豆类和豆制品等，切勿酗酒、吸烟；保持大便通畅。

　　对好习惯持之以恒，精彩的人生方能减少遗憾。

历代帝王病历表
病历号码：EMAD0761007

病人基本资料：

姓　　名：	李诵	身　　份：	唐顺宗
享　　年：	45岁	民　　族：	汉族
生活区域：	陕西西安	生活年代：	公元761年—806年
病史摘要：	突发言语功能丧失		

　　说起唐顺宗李诵，知道的人实在不多，此君在位不足两百天便不得不匆匆下台，改当有名无实的太上皇。

　　细细看来，唐顺宗有不少纪录在帝王史里名列前茅。首先，足足当了二十六年太子。也就是说，他在苦苦等待中，顶

着各种压力的煎熬，惴惴不安地在父皇唐德宗的眼皮下、弟弟
们的觊觎下，如履薄冰地生活了二十六年，差一点没熬过去，
差一点落得与朱元璋长子朱标同样下场，差一点就如康熙的
原太子胤礽，虽然身子骨健朗，也比顺宗等待得更漫长，但夜
长梦多，最终被认定图谋不轨，惨遭废黜。

其次，顺宗在位时间很短。虽然在位仅一个月的明光宗朱
常洛等人比他更不幸，但是顺宗进入太上皇角色的速度之快，
却是无可争议的冠军；他也是唯一把爱子过继给老爸当儿子的
皇帝，虽然提出这荒唐要求的是德宗，但是小心翼翼的顺宗却
因此被迫与血缘上的儿子成了"兄弟"。

如果觉得上述史实还不算离奇怪诞，那么有件事必然使人
感到诧异万分，就是顺宗在位期间，居然没有说过一句话，具体
一点是没能口头表达过任何意见。

苦尽却没有甘来

唐顺宗是唐德宗李适的长子，七七九年（大历十四年）十二
月，被德宗诏立为太子。顺宗天资优异，颇有文采，喜欢各种技
艺学术，又擅长书法，每逢德宗作诗赐给臣属，必让他代书。顺
宗的武功也不错，而且能处乱不惊，七八三年（建中四年）十一
月，德宗因"泾原兵变"出逃奉天，顺宗"执弓矢居左右"，面对
叛军的围逼，"身先禁旅，乘城拒战"，带领将士取得了奉天保卫

战的胜利。虽然文武双全、声望很高，但他的太子生涯并非一帆风顺，险恶的宫廷内斗险些把他推向灭顶的深渊，从此变得谨小慎微。

提心吊胆的东宫生涯使得颇有政治抱负、忧国忧民的顺宗精神上无比压抑。父皇日益衰朽，眼看即将"多年媳妇熬成婆"了，可就在这节骨眼上，乐极生悲，这场皇位传承的马拉松长跑中，快接近终点的那一刻，顺宗竟然"摔倒"了，原因是突发暴病，丧失了作为政治家最重要的能力——语言！[①]雪上加霜的是，很可能同时引发了瘫痪，连病危的父皇都不能再见一面。[②]不久，唐德宗便撒手人寰，在群臣拥戴下，病残患者唐顺宗还是坐上了朝思暮想的皇帝宝座；可是半年之后，病情并没有好转，依旧行动困难，无法言语。[③]

身残志坚的顺宗没有放弃自己的政治理想，早在做太子时，不仅暗中关注朝政，而且培养了一股新的政治势力，组成了以"二王"为中心的东宫政治集团。王伾和王叔文成为该集团的核心，其周围还有一批年富力强、拥有共同理想和目标的成员，都是当世名士，其中最著名的莫过于刘禹锡和柳宗元。

即位后，顺宗虽然"疾久不愈"且"失音，不能决事，常居宫中施帘帏"，但还是起用了"二王"和柳宗元等人改革弊政，下令废除搜刮民脂民膏的"宫市"、"月进"和"日进"，杜绝奢侈腐朽之风，并减免苛捐杂税以减轻人民负担，是为"永贞革新"。

此外，他也计划夺取宦官兵权，打击藩镇割据，可惜改革不免操之过急，新政很快遭到宦官集团和藩镇势力的联合反对。逐渐丧失驾驭能力的病人唐顺宗，不断被宦官架空；政敌内外呼应，在一片反对声浪中，他不得不让太子李纯监国执政，不久又被迫禅位于太子，自称太上皇。带病上任不足八个月就被迫下台，可谓命运多舛，然而其政绩可圈可点，其胆略亦可歌可泣。韩愈称赞他"性宽仁有断"，并用一个"贤"字概括了他短暂而不凡的执政生涯。

第二年正月，即暴病失语后一年又三个月，四十五岁的顺宗神秘地抱恨死去。有史家认为他死于谋杀。"永贞革新"失败后，文坛巨匠柳宗元被贬荒芜之地，然而在这些永无翻身机会的日子里，《江雪》、《封建论》、《黔之驴》、《捕蛇者说》、《永州八记》等作品相继问世，为中华文化宝库留下了一大笔丰厚的遗产。

大脑的不速之客

正值壮年的顺宗突发残障，导致语言功能丧失和行动困难，从现代医学的角度看，是大脑中枢神经系统在短时间内出现严重病变。比较常见的病因有脑出血（cerebral haemorrhage）和脑梗死（cerebral infarction），而脑梗死又有常见的"脑血栓形成"（cerebral thrombosis）和相对少见（约占脑梗死15%）的"脑栓塞"(cerebral embolism)之分。我们无从得知顺宗患病的细节，但不妨碍依据医学常识进行科学推敲。

第一，顺宗罹患脑出血吗？脑出血是一种非常严重的脑部急症，病势凶险。有研究指出，一次出血通常在三十分钟内停止，致命性出血可直接导致死亡。20％—40％的患者在发病后二十四小时内，脑内血肿仍可继续扩大，再出血的风险也相当高。经过几代人的努力，目前脑出血的诊治已较过去有了长足的进展，内科保守治疗和外科清除血肿都能各司其职，但是脑出血的病死率仍然很高，研究者统计得出，病后三十天内的病死率为35％—52％，半数以上的死亡发生在发病后两天内。在缺乏先进医疗技术的一千多年前，病人如果不幸得了脑出血，死亡的可能性是非常大的，顺宗从突然得病到去世，隔了一年三个月，不像是脑出血引起的急症。

第二，顺宗罹患脑血栓形成吗？这是一种脑部血管的自身硬化、血管内长成血栓的病变，逐渐导致血管狭窄，甚至闭塞，为脑梗死的主要类型；但是这种疾病的患者一般年龄较大，六十岁以上较常见，症状往往在一两天内达到高峰。顺宗暴病时年仅四十三岁，从这一点看，不太支持脑血栓形成的诊断。

经过上述的排除法，笔者认为唐顺宗患脑栓塞导致突发失语的可能性较大。脑栓塞是指异常的固态、液态、气态物体（被称作栓子）沿血液循环进入脑动脉系统，引起动脉管腔堵塞，导致该动脉供血区的局部脑组织坏死。临床上表现为偏瘫、偏身麻木和失语等突发的神经功能缺损，以青壮年较多见，多在活动中突然爆发，症状可在数秒钟至数分钟内发展到高峰，大多数病人意识较清楚，或仅有轻度的意识模糊。脑栓塞这种栓子是外来的，脑血管本身没有毛病；而脑血栓形成的血栓生成是脑血管自己的问题，这就是两者在原理上的本质区别，不过结局几乎殊途同归，活下来的病人大多成了残损之躯。目前脑栓塞的急性期病死率为5%—15%，死者多死于严重脑水肿、脑疝、肺部感染等，由于栓子来源不能清除，多数病人可能复发，而复发的病死率更高。

　　这些使唐顺宗无法施展政治抱负的栓子，到底来自哪里呢？栓子种类很多，多种疾病都可能产生栓子，随着血液系统进入大脑动脉；而心脏病是脑栓塞最常见的基础原因，比如风湿性心脏病二尖瓣狭窄，这种疾病因血流必经的心瓣膜开口出现阻塞，使心脏血流淤滞，甚至形成涡旋，从而导致血液凝固和血栓形成。当心脏搏动紊乱时，血栓更容易抖落，形成栓子跑出心脏，进入人体的各级血管中；栓子一路流浪，窜至脑动脉系统后便诱发了脑栓塞。另外，来自静脉系统的血凝块、骨折溢出的脂肪滴和流入的空气等，都可诱发脑栓塞，暂不一一详论。俗语说"近水楼台先得月"，心脏连接的大动脉距离脖子最近，于是那些作为不速之客的栓子也就便于通过颈动脉系统窜入脑动脉了。

出师未捷身先残

得脑栓塞之前，唐顺宗很可能已罹患风湿性心脏病，使他的人生更加坎坷和痛苦，这也可能是最终死亡的原因（撇开谋杀因素的话）；倘若推论属实，他肉体上的不幸，不仅是丧失语言能力和行动不便，也许还引发了呼吸困难、心慌、全身浮肿等病症。

风湿性心脏病主要是由溶血性链球菌感染引起，但初次感染后，不会立即引起心脏瓣膜的改变，往往需要数年甚至十几年以上才会慢慢形成明显的病理改变，病人患病初期常常无明显症状，完全不能意识到病魔已逐步蚕食自己的躯体。至于为什么会感染溶血性链球菌，目前的看法是寒冷、潮湿环境和环境卫生差都能滋生这种病菌。民国初年有很长一段时间仍有大量这样的病人，尤其是农村地区，近几十年来经济高速发展，卫生条件大为改善，患病的人才明显减少。美国和西欧这样的病人更少，以至于医学生需要远渡重洋到发展中国家，才能真正接触到书本上说的"风湿性心脏病"。顺宗贵为太子尚且不能躲过一劫，古代的广大劳动人民又处于何等境况呢？

顺宗无法用自己的声音发号施令，也无法用自己的力量扭转大唐帝国日暮西山的败局，更无法单凭身边的文人雅士重塑"贞观之治"的辉煌，从他被封储君、登基坐殿到仓促退位，从头到尾都透露着悲剧的色彩；但是他的头脑是清醒的，否则那么一点点政绩从何而来？那颗该死的栓子破坏了大脑第三额回后部的言语运动中枢，导致他无法说出一句完整的话，或许只能用尚存的声带器官发出模糊的"咿呀"之声。最让他痛苦的是，没有立刻死去或者变成痴呆，依然拥有正常的思维，也能完全听懂、看懂身边的一切！一个有志向、有理想的人，却不能说话、不能自由行动，只能眼睁睁看着自己任人摆布，眼睁睁看着祖宗打下的江山一步步走向毁灭，眼睁睁看着老百姓流离失所而无能为力，这难道不是悲剧吗？

带着巨大的遗憾，顺宗离开了人世。人的一生会有许多遗憾，比如父子不能相见，比如健康状况恶化，比如理想抱负无法实现等，或许没有遗憾的人生就不是人生了。能够面对遗憾，并勇于面对遗憾，不仅是一种洒脱，还是一种生存的技能。

瞑目的一刹那，顺宗可能并不知晓，至少有一件事情不应该遗憾，那就是生育了一个杰出的儿子。由于顺宗的生殖系统完好无损，生育能力极为旺盛，共有二十多个儿子，令许多颐养天年的皇帝都望尘莫及。他的接班人——太子李纯，后来的唐宪宗，英明神武的唐朝中兴之主，大唐王朝在他的统治下一度回光返照，但这是后话了。

【注释】

① 《资治通鉴·卷第二百三十六》："贞元二十年，九月，太子始得风疾，不能言。"《新唐书·顺宗本纪》记载更详细："太子病风且瘖（哑的意思）。"

② 《新唐书·顺宗本纪》："是时，德宗不豫，诸王皆侍左右，惟太子卧病，不能见，德宗悲伤涕泣，疾有加。"

③ 《资治通鉴》："永贞元年，三月，上（顺宗）疾久不愈，时扶御殿，群臣瞻望而已。"

远离病榻

脑栓塞的预防，主要是针对可能的各种病因，如心脏病、周围血管病等，早期发现，早期诊断，早期治疗。饮食上要适当增加蛋白质，可由瘦肉、去皮禽类提供，可多吃鱼类，特别是海鱼；每日要吃一定量的豆制品，如豆腐、豆干，对降低血液的黏滞有利。注意适当补充维生素 C 和水分，还可以多吃黑木耳和芹菜，对拮抗血小板聚集导致的凝血作用有一定的帮助。

雪夜血案
——酒后猝死的宋太祖

历代帝王病历表
病历号码：EMAD0927008

病人基本资料：

姓　名：	赵匡胤	身　份：	宋太祖
享　年：	49 岁	民　族：	汉族
生活区域：	河南开封	生活年代：	公元 927 年—976 年
病史摘要：	酒后遽然去世		

　　谈起中国的文化和历史，人们往往先想到的是汉、唐，追慕之情难以言表，但对于"屡战屡败"的宋朝则不以为然。殊不知，中国人近一千年来都活在辉煌大宋的直接影响下，从文化心理到生活习俗，从上层建筑到基层架构，点点滴滴，润物无声。

宋朝的开山鼻祖——太祖赵匡胤，其一生充满传奇色彩，出生于没落军人世家，从小志存高远，怀揣敢打敢拼的精神；二十出头便闯荡江湖，在太行山游历时，写下一首粗犷而豪迈的《初日诗》："欲出未出光邋遢，千山万山如火发。须臾走向天上来，赶却残星赶却月。"其后，从低阶军官做起，凭借勇敢和智慧，一步一步升为高级将领。

三十三岁时，他一手导演"陈桥兵变"，"黄袍加身"取代后周，自己加冕为皇帝。随后十六年里，继续南征北战，把一度支离破碎的中原重新整合打造成蒸蒸日上的崭新帝国。然而，四十九岁那年冬天，在"斧声烛影"中突然神秘死去，成为千古之谜。

寿终正寝？ 死于非命？

关于赵匡胤的死，许多人认为是一出宫廷阴谋，头号犯罪嫌疑人就是最大受益者、宋朝第二任皇帝、太祖之弟——太宗赵光义。的确，此人即位后便迫不及待地改变年号，不断无情地打击迫害太祖的儿子和幼弟，继而修改历史档案粉饰自己，并宣称"金匮预盟"，即在母后干预下，兄终弟及，太祖有意把皇位传于二弟。其他众多疑点更是纷繁杂芜、诡秘莫测，甚至传说他直接弑兄夺位，似乎赵光义就是个残酷的野心家、阴谋家。

抛开诸如《湘山野录》、《烬余录》等含糊其辞的野史不提，正史中也有对赵光义不利的记载，如《辽史·景宗纪》中有"宋主匡胤卒，其弟炅（即赵光义）自立"的字眼，"自立"一词让人觉得赵光义难逃干系。但真相沉没于历史长河之中，赵匡胤到底是死于非命，还是寿终正寝？都没有最终答案，仍将是后世争论不休的话题。

但笔者认为他死于疾病并非空穴来风，传位于赵光义也不是绝无可能，至少在传子还是传弟的决策上曾经摇摆不定过。而处心积虑、准备充分的赵光义，极可能是借着兄长突然逝世的天赐良机，凭政治权谋一举拿下皇位，大大缩短了等待登基坐殿的时间。

赵光义是赵匡胤的胞弟，是"陈桥兵变"的重要谋划者和执行者，赵匡胤能顺利登上皇位，开基创业，赵光义功不可没。九六一年（建隆二年），即赵匡胤称帝后第二年六月，母亲杜太后病危，临终前遗命赵匡胤"百岁后当传位于汝弟"，同时"于榻前为约誓书……藏之金匮"，就是历史上著名的"金匮之盟"。自五代以来，中原皇帝执政皆短命，在位最长的不过十年，难保赵匡胤不会步其后尘，为保大宋国祚延续，让年轻哥哥十多岁、年富力强的赵光义继承皇位，是合理的想法。

赵匡胤是个明白人，也是个厚道人，大概是答应了。原因有二：其一，赵匡胤至孝，母命不可违；其二，当时大宋根基还不牢固，统一大业尚未完成，赵匡胤之子年纪较小，又完全没有社会经验和锻炼机会,确实需要赵光义这样有历练、"工文业,多艺能"的青年政治家作为国家的领袖;至于赵匡胤晚年是否鉴于儿子长大成人、弟弟羽翼渐丰,对最初的想法开始动摇了,就另当别论了。

但是历史上有一点是明确无误的,赵匡胤在杜太后病亡一个月后,即任命赵光义为开封府尹,后又封其为晋王,表现出极大的信任,不可否认带有培养接班人的意味。开封府尹是五代、宋朝的重要官职,位列宰相之上,是国都驻地开封府的最高长官;五代以来,已形成一种不成文的默契,凡皇族担任开封府尹即基本确立了储君的地位。赵光义利用这一特殊地位,聚集了一大批文武幕僚,逐渐形成了自己的势力,"威望隆而羽翼成",也确实辅助赵匡胤取得了宋初的稳定发展。赵匡胤晚年,政权稳固,即使在皇位传承问题上曾有所动摇,但综合考虑之后,宽仁大度的他没有采取贬斥、剪除弟弟势力的举动,最终任其坐大。

因此,最接近真相的情况是赵匡胤晚年在传位问题上纠结不已,但对弟弟采取宽容的态度,没有做出相关行动制衡;在这个节骨眼上,赵匡胤突然病故,机警而早有准备的赵光义抓住这稍纵即逝的良机,利用掌握的政治资源和第一手信息,抢先侄子一步控制局面,以迅雷不及掩耳之势完成了权力交接,造成了既定事实。至于日后那些让历史学家诟病的行为,则属于政客本能和政治传统的必然，与赵匡胤之死倒是风马牛不相及。

圣体长期欠安

据《玉壶清话》记载，赵匡胤去世那年夏天，曾在洛阳住了一个月；临别时，到父亲的安陵祭拜并大哭，说了一句："此生不得再朝于此矣！"随后他"即更衣，取弧矢，登阙台，望西北鸣弦发矢，矢委处，谓左右曰：'即此乃朕之皇堂（墓地）也。'"恰恰说明了赵匡胤死前数月已开始患病，而且病情反复，让他感觉来日无多，对健康长寿彻底失望了。

赵匡胤的过世，《宋史·太祖纪》只说"癸丑夕，帝崩于万岁殿，年五十"，和大多数官修史书一样，没有说明死因，经常让人觉得很突然；但宋代李焘所著《续资治通鉴长编·卷十七·开宝九年十月》中明确记载："上（赵匡胤）不豫，驿召守真至阙下。壬子，命王继恩就建隆观设黄箓醮，令守真降神。"[①]其中提到的"壬子"即开宝九年十月十九日，赵匡胤死前一天；"驿召"即通过驿站传诏；"守真"就是指终南山道士张守真。透露了赵匡胤生病后曾命人通过驿站火速前往终南山诏道士张守真进京，并试图经由"设醮"、"降神"等迷信手段祛病。

应是赵匡胤病了一段时间，治疗没有起色，宫中御医束手无策，最后不得不借助神仙力量。赵光义迅速获悉消息，便开始未雨绸缪。至于长期困扰赵匡胤的疾病，目前只能推论是慢性疾病，一般日常工作尚不至于难以胜任，也不至于卧床不起，否则也没有能力远赴洛阳并登楼射箭了。

赵匡胤最终死亡的时间应是夜间。北宋司马光《涑水记闻》里说："太祖初晏驾，时已四鼓……"几乎同时代僧人文莹所著《湘山野录》记载：事发当夜，赵匡胤突然命人召赵光义入宫，赵光义赶到后，他屏退了左右侍从，独自与赵光义酌酒对饮。"但遥见烛影下，太宗（赵光义）时或避席，有不可胜之状。饮讫，禁漏三鼓，殿雪已数寸，帝引柱斧戳雪，顾太宗曰：'好做，好做！'遂解带就寝，鼻息如雷霆。是夕，太宗留宿禁内，将五鼓，伺庐者寂无所闻，帝已崩矣。太宗受遗诏于枢前即位。"这两本著作成书于北宋年间，距离赵匡胤时代不远，前者更是大名鼎鼎的砸缸救人英雄、著名史学家司马光所作，可信度较高；而文莹和尚则是经常和当朝大臣交往的佛门弟子，虽然所著较为夸张且有常识性错漏，但某些关键点尚可借鉴。

实情大概是这样。当夜朔风凛冽，大雪纷飞，寒气逼人，长期患病的赵匡胤病情有所好转，自觉精神恢复了不少，于是决定和手握重权的弟弟来一次推心置腹的交流；见面后，二人把酒长谈，数盏美酒一过，几分醉意的赵匡胤开始责备弟弟近年来在政坛上咄咄逼人、锋芒毕露，似乎对皇帝宝座有所垂涎；他愈说愈生气，酒愈喝愈多，借酒消愁愁更愁，赵光义连忙起身认错，也不停地为自己申辩。赵匡胤亦无可奈何，毕竟自己已老病缠身，儿子们又文弱不堪，而弟弟正如日中天，于是心有不甘地用柱斧在地上狠狠撞击，发出阵阵令人不安的闷响。发泄一通之后，赵匡胤忽然觉得头痛欲裂，再加上烂醉如泥，于是无力地倒头躺下；赵光义见状，以为哥哥已酣睡，只好起身告辞；但他有敏锐的预感，也对哥哥的身体状况了如指掌，觉得今晚也许会出现意外情况，他离开皇帝寝宫后，并没有急着打道回府；临走时，向皇帝身边早已被收买的内侍使了个诡秘的眼色……这时，龙床上传来如雷的鼾声；但黎明时分，卧室内一片死静，内侍进房时发现赵匡胤睡姿极端异常，再摸一摸皇上的身子早已冰凉！

皇后闻讯大惊失色，赶忙吩咐内侍们唤皇子前来；然而，这些内侍早成为赵光义的眼线了，他们瞒着皇后和皇子，第一时间向赵光义通报，于是晋王赵光义得以迅速掌控全局，顺利登基称帝。

具有讽刺意味的是，大约两百年之后，苟且于江南一隅的宋高宗赵构，因不育无后，并且宗室贵族在"靖康之难"中被金人掳掠一空，不得不在民间选拔出赵匡胤的七世孙赵眘，作为养子继承大统，宋朝皇帝血统竟又重新回到太祖这一脉上。

雪夜真凶，呼之欲出

经过一番仔细地分析，笔者认为赵光义直接行刺或阴谋毒杀的可能性都不大，因为他犯不着这样做，他的半只脚已踏上龙椅，剩下的只是不长的时间问题，毕竟赵光义不是冷酷残忍的李世民，赵匡胤也不是小肚鸡肠的李建成，两人关系更不至于剑拔弩张。纵观有宋一代，南北二朝类似"玄武门之变"的血腥宫廷斗争远较前朝后代少，宋朝皇帝大多温文儒雅、文质彬彬，甭说嗜杀成风，连对大臣处以极刑都较少见。因此推论赵匡胤极可能是在慢性疾病上突发急症暴亡。

从流传的画像看来，祖籍河北的赵匡胤是个不折不扣又胖又壮的黑脸大汉，倒极符合武将的外形。另外，他喜好喝酒也是人尽皆知，虽然年轻时武艺高强、戎马倥偬，但是中年之后贵为天子、养尊处优，偶尔参加体育活动，如骑马、射箭、蹴鞠（古代中国的足球）等，并无助于远离疾病，终究容易成为高血压之类疾病的受害者，甚至可能患有冠心病、糖尿病，在这些疾病的煎熬下，他也知道自己命不久矣。但是在那个神秘的雪夜，真正把他的生命推下悬崖的罪恶之手又是什么呢？从现代医学的角度看，最可能是心脑血管急症。笔者认为在找不到罹患心脏病相关证据的前提下，可以大胆推断四十九岁的赵匡胤死于脑出血！

脑出血，俗称脑溢血，是中老年高血压患者常见的严重脑部急症，五十至七十岁的人更为多见，实际是指非外伤导致的脑内血管破裂引起的出血，最常见的基础病因是高血压、脑动脉硬化、颅内血管畸形等,常有用力过度、情绪激动、酗酒等诱发因素,常在活动中突然发病。临床上的脑出血发病十分迅猛,病情可在几分钟到数小时内达到高峰,主要表现为呕吐不止、头痛剧烈、昏迷不醒、肢体瘫痪等,由于发病急骤、病情凶险,因而治疗不及时死亡率非常高,死者多直接死于脑内呼吸、循环中枢受损。

赵匡胤有哪些脑出血的易患因素呢?

第一,他很可能是个高血压病患者,理由上文有所涉及:体胖、嗜酒、中年后运动较少;性格豪爽的他在饮食上大概也无所节制,再加上又是典型北方人,口味较重,摄取盐分可能较多。综合来看,患高血压的几率很大,而古代既无血压概念,也无测量血压的工具,更谈不上有效的降压方法。如果赵匡胤出现头晕等症状,古代太医也只能按照"风疾"进行处理,实际上他们也无法把血压升高和脑部出血联系起来。

当血压突然过度升高时,脑内动脉会因压力过大而爆裂,如同气球被吹破一样,发生脑出血。此外,长期的高血压会使脑内小动脉内膜受损、脂质沉积、透明样变(hyaline change)②,从而使得管壁脆性增强,弹性渐差,更易破裂出血。

第二,赵匡胤喜欢喝酒,这是证据确凿的。《宋史》记载了一段故事:太宗"雍熙三年十二月一日,大雨雪,帝(赵光义)喜,御玉华殿,召宰臣及近臣谓曰:'春夏以来,未尝饮酒,今得此嘉雪,思与卿等同醉。'又出御制《雪诗》,令侍臣属和。"由此可看出,宋太宗从春天到夏天没有饮过酒,直到冬天大雪纷飞,才找个理由和近臣们畅饮一次。为什么赵光义如此洁身自好? 可能是他觉得哥哥阳寿如此短与过度喝酒有关。

确实,军人出身的赵匡胤一生与酒难舍难分,也不难理解,喝酒不仅是他的个人嗜好,更是政治工具之一。酒酣耳热之际,可让大将石守信、高怀德等人"杯酒释兵权",也可与名相赵普"雪夜定策",制订先南后北的统一大计,就连他自己都不得不承认:"朕每因宴会,乘欢至醉,经宿,未尝不自悔也。"

喝酒之后,在酒精的作用下,人体交感神经愈加兴奋,从而导致脑血管收缩,其内压力增大,血管壁撑不住压力就容易破裂出血。另外,长期饮酒会引起血管收缩舒张调节障碍,并出现血管内皮损伤,导致血管内脂质沉积,使得血管弹性更差,又为脑出血创造了条件。

第三,赵匡胤是性如烈火之人,从小生活在军人世家,文化教育程度不算高,年轻时四处闯荡,多年在沙场上兵戎相见、出生入死,登基后成为九五之尊,脾气暴躁也是很容易理解的。他曾因狩猎时不慎坠马,一怒之下竟随手把宝马杀了;在后院打雀鸟时,为了臣子上奏常事而中断,竟将臣子的牙齿打落两颗,可见此人性格之暴烈。③幸亏他还算注重学习和自省,犯错后会及时醒悟,倒未酿成大祸。现代医学观点认为这属于A型性格,主要特征是个性强、急躁、易紧张、冲动、好胜心强,有时间紧迫感和匆忙感,常有过分的抱负等,几乎每一样都能和老赵对上等号啊!

美国心脏病学专家弗里德曼(Meyer Friedman)于二十世纪五〇年代提出,并研究证实了这种性格与心血管疾病(如冠心病)存在某种关联;其与脑出血的关系也在随后的研究中受到关注,有理由推测 A 型性格在脑出血的发病过程中,产生一定的促进作用,其作用可能是透过影响血压而间接增加了脑出血的危险性。

第四,赵匡胤死亡当晚,情绪处于激烈波动之中。已达天命之年的他,长年累月为国事殚精竭虑,但是吞灭北汉、北击契丹的军事行动并没有取得预期胜利,让一贯百战百胜的他颇感挫折;弟弟赵光义在开封一带日益坐大,似乎有觊觎皇位之心,而自己的儿子又不争气,让自尊心极强的他恼羞成怒。当晚,他们兄弟之间具体聊了什么不得而知,但恐怕离不开权力之争,以老赵的性格,难免不搞得脸红脖子粗。恶劣的情绪是脑出血的重要诱因,包括极度悲伤、兴奋、恐惧和愤怒等。临床工作中,笔者发现多数脑出血患者发病之前都出现过情绪激动,曾有人做过研究证实近30%病人是因生气、激动导致脑出血,究其原因,主要是由于短时间内的情绪变化引起交感神经过度兴奋,从而心跳加速、血压飙升,使得原本已脆弱的血管雪上加霜。

第五，天寒地冻是赵匡胤脑出血的另一帮凶。雪夜对酒畅饮，看似颇有文士浪漫之风，其实对中老年患者而言是危机四伏。季节的更迭及外界温度的变化可以影响人体神经内分泌系统的正常代谢，改变了血液黏稠度，血浆纤维蛋白原、肾上腺素均会升高，毛细血管痉挛性收缩和脆性也会增加，短时间内颅内血管不能适应如此明显的变化，即出现血压波动，最终加速脑出血的发生。

历史功过，千年评说

那个风雪交加的晚上，赵匡胤一卧不起，初时人们听到了鼾声雷动，其实是病危的信号。他躺下时，一条重要的脑血管已撑不住四十九年的种种巨大压力，不幸破裂了，鲜血如决堤之水一样，借着血压的冲力，喷射入脑室，随即形成血肿，把中枢结构压迫窒息；而原先需要血液供应的部位则无血可用，亦迅速凋亡。死神步步逼近，一世英雄的赵匡胤陷入了最大的无助，他迅速滑入无尽黑暗的昏迷，身子不自觉地挣扎、抽搐了几下，由于大脑受到严重损伤，神经中枢支配气管扩张的作用减退，继而消失，病人自然发出了鼾声，这是呼吸停止的前兆……

一代英雄、旷世明主就这样"无可奈何花落去"，与世长辞了。深夜无人，烛影斧声，历史上一大疑案就此留下。赵匡胤结束了唐末至五代十国长达百年的军阀割据局面，重整山河，九九归一；十六年励精图治，政治清明，民富国强，文风大盛；留给千年以后的中国灿烂的文化和无尽的遐想。后人经常把汉武帝、唐太宗、宋太祖相提并论，确是有道理的。赵匡胤的传奇结束了，是是非非也许可以"尽入渔樵闲话"，但是注重健康的现代人，对于他的仓促离世，除了惋惜，更应该引以为戒，切莫掉以轻心。

【注释】

① 另据《杨文公谈苑》记载："开宝中，有神降于终南道士张守真……言祸福多验……太祖不豫，驿召守真至阙下，馆于建隆观，令下神。"

② 亦称玻璃样变、玻璃样变性或透明变性（hyaline degeneration），是指细胞内管壁和结缔组织内出现均质、红染的毛玻璃样半透明蛋白质蓄积。

③ 《涑水记闻》："太祖初即位，颇好畋猎，尝因猎坠马，怒，自拔佩刀刺马杀之。""太祖尝弹雀于后园，有群臣称有急事请见，太祖亟见之，其所奏乃常事耳。上怒，诘其故，对曰：'臣以为尚急于弹雀。'上愈怒，举柱斧柄撞其口，堕两齿。"

远离病榻

脑出血发病急骤、病情凶险、死亡率非常高，是急性脑血管病中最严重的一种，为目前中老年人常见致死性疾病之一。发病主要原因是长期的高血压和动脉硬化，绝大多数患者发病前血压明显升高，导致血管破裂，引起出血。常见的脑出血先兆症状有：突感一侧身体麻木、无力、活动不便，手持物掉落；嘴歪、流涎；走路不稳；说不出话或有头晕等症状。发病时，病人常常头痛剧烈，严重者迅速陷入昏迷状态。

高血压必须得到有效的控制，才能有效避免脑出血的发生，在高血压病长期作用下，任何诱发血压短期升高的因素都会导致脑出血的发生。同时，为了避免脑出血，应忌暴饮暴食、多糖高脂饮食、酗酒和抽烟等不良生活习惯，也不宜进食过于辛辣的刺激性食物和过浓的咖啡、茶等兴奋性饮料。

历代帝王病历表
病历号码：EMAD1162009

病人基本资料：

姓　　名：	孛儿只斤·铁木真	身　　份：	元太祖
享　　寿：	65 岁	民　　族：	蒙古族
生活区域：	蒙古草原，中国西北	生活年代：	公元 1162 年—1227 年
病史摘要：	坠马后离世		

　　孛儿只斤·铁木真，蒙古帝国的开创者，尊号"成吉思汗"，意为"拥有海洋四方的大酋长"。元朝统一中国后，入乡随俗，按照汉族的政治文化传统，其孙元世祖忽必烈追尊铁木真为元太祖。铁木真所奠基的蒙古帝国，曾是世界历史上版图最大的

国家，鼎盛时，东到太平洋，北抵北冰洋，西达匈牙利，南至南海，约占世界土地面积的22％，统治着约一亿人口，元朝时的中国，只是其疆域的一部分。

饱经忧患之际，铁木真这匹来自北方草原的苍狼，一跃而起，先是统一蒙古各部，继而冲出蒙古高原，掀起强劲的扩张浪潮，用骏马和鸣镝称霸欧亚大陆，威名赫赫，西方人至今仍谈虎色变。成功并非偶然，《元史》"总编辑"、一代文臣宋濂总结评论："深沉有大略，用兵如神，故能灭国四十，遂平西夏，其奇勋伟迹甚众。"历史学家柏杨在《中国人史纲》也评价他是"历史上最伟大的组织家暨军事家之一"、"在政治上和战场上的光辉成就，在二十世纪之前，很少人可跟他媲美"。

然而，英雄再强悍、再伟大，总有谢幕的时候，在攻打西夏途中，铁木真彻底告别了杀戮与征服的人生。

神秘陨落，众说纷纭

宁夏南部有座纵贯南北、气势巍峨的大山——六盘山，其战略位置十分重要，历来是兵家必争之地，据说铁木真就在此去世，至今六盘山凉天峡里尚存有成吉思汗避暑行宫的遗址。那长满苔藓的石阶和斑驳错落的残垣，都印下了这位蒙古雄主的足迹。铁木真到底怎么死的？历来各种文献记载含糊，再加上民间传说的穿凿附会，显得神秘莫测，其实细细厘清，无非有

"雷击说"、"谋杀说"、"中箭说"和"坠马说"等几种。

"雷击说"本身不过是揣测。出使蒙古的罗马教廷使节撰文推测铁木真死于雷击,理由居然是"(蒙古)有凶猛的雷击和闪电,致使很多人死亡"。南宋彭达雅所著《黑鞑事略》也记载:"鞑人(蒙古人)每闻雷霆,必掩耳屈身至地,若躲避状。"显而易见,这种说法只是臆想。试看当今社会,交通事故频仍,但总不能把大多数人的死因归咎于交通意外吧?

"谋杀说"则过于荒诞,该说认为被俘的西夏王妃侍寝铁木真时,趁其不备刺杀之。这则桃色混杂着黄色的传闻,极其迎合市井文化的庸俗性,如同"吕四娘砍雍正首级"一样,民间喜闻乐见,但终究禁不起严谨的史学推敲。"中箭说"相对于以上两种说法而言,比较接近现实,似乎是为铁木真的军事生涯画上完满的句号,但也有一点可疑,铁木真当时已是六十多岁的老人(古代是相当高寿了),又是部族最高首领,手下猛将如云,他用得着亲上火线,亲冒矢石,亲蹈危险吗?大汗既然无需身处第一线,又有那么多侍卫保驾护航,那么直接的人身伤害容易发生吗?老兵战死沙场固然死得其所,但毕竟生命诚可贵,就算铁木真愿意,估计他的儿子和众多属僚都会坚决反对。

最后只剩下"坠马说"了,这种说法合乎常理且有史学基础。《蒙古秘史》记载:"成吉思合罕(铁木真)既住过冬,欲征唐兀(西夏)……整点军马,至狗儿年(一二二六年)秋,去征唐兀……冬间，于阿儿不合地面围猎。成吉思合罕骑一匹红沙马，为野马所惊，成吉思合罕坠马跌伤，就于搠斡儿合惕地面下营。"来年夏天便逝世了。铁木真作为马背上的勇士，纵横天下，其骑术毋庸置疑，但是毕竟年过六旬，而且事发突发，一时失手坠马的确情有可原。对老人来说，从马上跌落必然对身体是重大打击，足以加速健康恶化。

《蒙古秘史》又称《元朝秘史》，是一部记述蒙古民族形成、发展和壮大历程的历史典籍，是蒙古民族现存最早的历史文学长卷，属于世界文化遗产。书名是蒙文的汉译名称，原书用古蒙文写成，现今保存下的《蒙古秘史》既不是古蒙文原书，又不是常见的汉语文言文史书，而是用明清时的古白话文译成，纪年"以鼠儿、兔儿、羊儿等，不以支干"，"词语俚鄙，未经修饰"。

铁木真一生的最后时光是在六盘山上度过。《多桑蒙古史》说："六月……自避暑于六盘山……汗得重病……病八日死。"《元史·太祖本纪》记载得更详细："二十二年丁亥闰五月，避暑六盘山。秋七月壬午，不豫。己丑，崩于萨里川哈老徒之行宫（今甘肃清水县西江附近）。"

致命祸根，岂是骨折？

古人坠马相当于现代的交通事故，如果罹难者在短时间内死亡，主要原因是暴力直接作用于脑部或中枢神经系统、心脏、重要大血管和主要器官，导致凶猛出血或重要器官受到严重破坏。根据史料记载，铁木真没有在短时间内去世，而是拖到第二年夏天才告别历史舞台，可见在坠马的一刹那，并没有受到致命伤。

从秦始皇兵马俑出土的一比一人马塑像来看，我国古代战马的个子并不高，与欧洲、中亚骏马的高大伟岸形成鲜明对比。现今赛马竞技的高头大马基本上都不是传统中国马的直接后代。如果有机会来到河套地区或蒙古草原，肯定会发现这里的马匹身高确实相形见绌，就连小孩都能轻易翻上翻下，怪不得古人说游牧民族"胡儿十岁能骑马"。

古代匈奴、蒙古军队战斗力如此之强，固然是拥有大量骑士、战马的缘故，但最重要的原因是利用骑兵战术的快速性、灵活性和机动性，而不是强悍的冲击力，这就是中亚和欧洲诸国拥有高头大马和重装甲士，仍无法抵御匈奴和蒙古骑兵的部分原因。因此，铁木真这位老人即使坠马，也不至于受到致命伤害。

按理说，骑马、坠马对蒙古这样的马背民族来说是司空见惯，似乎不值一提，而在民族英雄史诗里描述领袖人物这不大光彩的小事，说明蒙古族的撰写人是暗示此坠马事件的重要性：很有可能是铁木真健康状况的转折点。至今，我们无从考证他临死前的状态，只能依据这点零星线索推论历史的真相，姑且把他坠马和半年多后的死亡联系起来。

年逾花甲之人，骨质疏松不可避免。如果说当时的坠马对铁木真的身体构成较大的伤害，最可能的就是骨折，尤其是下肢骨折。但是，骨折会致死吗？

英雄末路，毁于微细

下肢骨折，大多数伤者虽远离死神，但如有大出血、合并其他脏器受损或严重感染，则可能对生命构成直接危害，更有种少见的情况是骨头断裂后，可能从骨髓中漂流出脂肪滴，这些可大可小的微粒会鱼贯进入血液循环系统；而下肢血液回流到心脏后，再从心脏的右室喷射到肺部内的血管系统，以进行氧气和二氧化碳的交换。问题在于血流内的微小脂肪粒，这些害群之马也会尾随进入肺内血管，由于它们的直径大于那些血管，便把血管堵住了。缺乏血液供应，这些血管支配的肺组织便会坏死，其面积可大可小，视乎受害血管的重要性和直径大小而定，这就是危险的肺栓塞（pulmonary embolism）。其临床表现可从无症状到突然死亡，常见症状为呼吸困难和胸痛，死亡的直接原因大多是呼吸——循环功能衰竭。骨折导致肺栓塞应该发生在急性期，引起生命危险都在短期内出现的，所以铁木真不太可能是因几颗骨折溢出的脂肪滴而丧命。

那么他的病因到底是什么呢？最可能的答案还是肺栓

塞！如同脑栓塞一样，栓子的种类可谓千奇百怪，脂肪滴只是较少见的一种而已。漏入的空气、逃逸的寄生虫、心瓣的赘生物，甚至产妇的羊水，都可能成为这种致命的栓子，不过它们不是最常见的杀手，最常见的是来源于下肢静脉自身形成并脱落的血栓；因此，下肢深静脉血栓形成（deep vein thrombosis）几乎成了肺栓塞的标志。骨折导致伤员长期卧床不起，是下肢深静脉血栓形成的重要先决条件。

英雄末路，最终还是和骨折有关。

夺命一击，天骄陨落

一九四五年十二月，刚结束了二战征程的六十岁美国陆军四星上将在打猎途中惨遭车祸，十二天后，他在德国医院里永远闭上了眼睛，医生公布他的死因：肺栓塞。他，就是乔治·史密斯·巴顿（George Smith Patton）。

铁木真和巴顿有着太多相似之处。为什么铁木真很可能患有下肢深静脉血栓形成呢？原因是复杂多样的。

第一，他的血液黏稠度可能较高。老年人体内的水分相对比较少，再加上长期转战于中国西北地区，该地区水源不足，气候干燥少雨，日照猛烈，体内水分的蒸发会更严重；另外，流动作战的后勤供应能力有限，口渴时，未必可以及时得到宝贵的水分补充；最后，蒙古人比较少吃蔬菜和五谷杂粮，主食是牛、羊肉和奶类制品,这些食物含有较多脂肪,长期大量摄入会使血脂升高,进一步增高了血液黏稠度。

第二,他的血流速度减慢了。坠马受伤后,由于骨折难以愈合,可能一直卧病在床,终日与金帐为伴,远离心爱的宝马,远离向往的驰骋日子。当一个人长期卧床时,下肢运动量便急遽减少,血液自然流动得非常缓慢,为血栓形成创造了条件。

第三,由于骨折,下肢血管存在或多或少的损伤是不可避免的,而损伤的血管壁会召唤大量的血小板、凝血因子前来救驾,一下子使得局部形成高凝血状态,最终促进了血栓的形成。

自从不慎坠马骨折之后,铁木真就只能躺在行军床上,身体活动困难,时而还有下肢的剧烈疼痛,但是那颗雄心依然在前线跳跃着。蒙军的铁骑依然在党项人、女真人控制的区域浴血拼杀。战报随着近臣川流不息地进入铁木真养伤的金帐,那些成熟的作战方针又随着传递信息的战马,飞出金帐,飞向战况最激烈的地方,飞到手持马刀的将军手上。铁木真就是在兴奋、紧张、焦虑中度过了不少不眠之夜,就算偶尔小憩,短暂的梦里也许还浸透着马嘶、血肉和刀光。

冬季十一月,西夏灵州被攻破,夏军兵力受重创。第二年二月,西夏临洮府被攻破,夏军精锐被歼灭。三月,信都府被攻破。六月,金国派使前来求和;同月,西夏国王请降。七月间,捷报频传,休息了大半年的铁木真觉得精神爽利,似乎伤情有所好转,情不自禁地用力试着活动了一下受伤的腿。

不幸在一瞬间发生了。黏着血管壁的那颗不小的下肢静脉血栓,本已摇摇欲坠,由于肌肉收缩、血流突然加快,竟然立刻被冲击掉落,于是这血栓随着静脉血回流到心脏,再越过心脏瓣膜,闯进了肺动脉,最终牢牢地卡在肺内的一条血管里!铁木真顿时觉得胸口一阵剧痛,继而上气不接下气,呼吸极其困难,窒息的濒死感像魔鬼般死死掐住了他……

大漠茫茫,黄沙滚滚。一代天骄,就此陨落。

战神披靡,难违天命

传说铁木真降生时,手上居然攥着一块殷红的血,蒙古人认为这将给世界带来血光之灾;六十多年来,不知道有多少死有余辜或者无辜的生命在他的马刀下支离破碎。蒙古军队的铁蹄踏遍了欧亚大陆,虽在客观上促进了地域交通、文化交流,引起政治、文化和地理的巨变,在人类文明演进轨迹上留下了深深的印痕,但就当时而言,确实给各国人民(包括蒙古人民)带来了深重的灾难。不过,他不愧是蒙古的民族英雄,正因为他的存在,蒙古民族才得以摆脱压迫、求得生存,继而铸造文明和辉煌。他,永远是蒙古人心中的"长生天"。

临终前,奄奄一息的铁木真还制定了联宋灭金的宏伟战略。七年后,金国被彻底攻灭。又过了四十五年,南宋也被彻底征服。美国陆军五星上将道格拉斯·麦克阿瑟（Douglas MacArthur）说过："老兵不死，只是凋零。"信然。

铁木真的一生碰到过无数强大的对手和敌人，王汗、札木合、塔塔尔人、蔑儿乞人、党项人、女真人、契丹人、汉人、尚处于"幼年时代"的俄罗斯人、斯拉夫人……他们一一败北。在战场上，他所向披靡，是伟大的战神，然而在自然规律面前，只是个平凡的生命，与蝼蚁无异。

记得一位革命领袖在青年时代曾写过一首壮怀激烈的诗："自信人生三百年，会当水击三千里。"许多年以后，已是古稀之年的他，经常吟诵的却是曹操的名句："神龟虽寿，犹有竟时。"

远离病榻

预防肺栓塞，重在预防下肢深静脉血栓形成。饮食上应选择清淡、易消化、富含维生素及低脂肪的食物，忌食油腻、肥甘、辛辣之品，严格戒烟。老年人、服避孕药者、癌症患者都属于血栓形成的高危险群，应积极运动，肥胖者更应减轻体重。

术后病人在卧床期间，可适当对下肢由远程向近端进行按摩，术后尽早下床活动。不幸患过肺栓塞的病人，下床活动时应穿弹力医疗袜，避免长时间站立、行走、下蹲、盘腿及两腿叠压；休息时应垫高下肢。

塞外孤魂
——溘然长逝的嘉庆帝

历代帝王病历表
病历号码：EMAD1760010

病人基本资料：

姓　名：	爱新觉罗·颙琰	身　份：	清仁宗
享　寿：	60岁	民　族：	满族
生活区域：	北京—河北承德	生活年代：	公元1760年—1820年
病史摘要：	旅途暴亡		

　　清仁宗嘉庆帝是满清入主中原后第五代君主，身处大清国由盛至衰的转折时期，留给后世的印象似乎比较模糊，只有两件事让人念念不忘：一是亲自执政之后，用果断而老练的手段铲除了和珅集团，为国家清除了毒瘤；二是一八一三

年（嘉庆十八年），社会矛盾激化，造反的天理教一度攻入紫禁城，嘉庆帝不得不心有余悸地自嘲"从来未有事，竟出大清朝"。此外，他的生与死都是个谜，他的出生地点，官方各种文献居然记载不一，莫衷一是；他的死亡原因更是离奇，史书讳莫如深，以至于民间谣传被雷电劈死。

末日之行，无命而回

一八二〇年（嘉庆二十五年），刚过完六十大寿的嘉庆帝，年初经历了丧弟之痛——其弟庆亲王永璘在三月撒手人寰，着实令他悲恸。不过，嘉庆帝一向健壮，六十年来尚未有严重患病记录，而且拥有长寿的家史：祖母孝圣皇太后活到八十六岁；父亲乾隆帝活到八十八岁；两个哥哥仪亲王永璇当年七十六岁、成亲王永瑆当年六十九岁，身体尚硬朗。太医院这些年几乎成了闲散衙门，他对自身的健康充满信心，认为活到古稀之年大概不成问题。

这年阴历七月，决定放松一下心情的嘉庆帝敲定了"木兰秋狝"的行程，这是兼有旅游行猎、军事演习、检阅部队和会晤藏蒙上层的重要活动，主要目的是保持八旗官兵的习武本色，巩固北方边防。地点选在河北的东北部与内蒙古接壤处那一大片水草丰美、禽兽繁衍的草原，自康熙到嘉庆，皇帝大多热衷于此。康熙帝曾洋洋自得地说："朕自幼至今已用鸟枪弓矢获虎一百五十三只……其余围场内随便射获诸兽不胜记矣。"

嘉庆帝带着兴奋和喜悦的心情从北京启程了,万万没想到这竟是他生命的最后一个礼拜——出发时是壮实的身躯,回来时已是冰冷的遗体。《清实录·仁宗睿皇帝实录》谨慎地记载着这次不详之程的概况:

> 嘉庆二十五年。七月。
>
> 壬申。上以秋狝木兰,自圆明园启銮。是日,驻跸南石槽行宫。
>
> 癸酉。是日,驻跸密云县行宫。
>
> 甲戌。是日,驻跸要亭行宫。
>
> 乙亥。驻跸两闲房行宫。
>
> 丙子。上御行殿。是日,驻跸常山峪行宫。
>
> 丁丑。驻跸喀喇河屯行宫。
>
> 戊寅。上至热河。圣躬不豫。诣城隍庙拈香。诣永佑寺行礼。
>
> 己卯。上不豫。皇次子智亲王旻宁、皇四子瑞亲王绵忻朝夕侍侧。上仍治事如常。向夕,上疾大渐。戌刻,上崩于避暑山庄行殿寝宫。

皇帝去世后,皇子、大臣们用他的口吻写下了遗诏。《清实录·仁宗睿皇帝实录》收录了里面一段话,颇为耐人寻味:"孟秋中旬,恪遵彝训,将举木兰狝典。朕体素壮,未尝疾病,虽年逾六旬,登陟川原,不觉其劳。此次跸途,偶感喝暑,昨仍策马度广仁岭,迨抵山庄,觉痰气上壅,至夕益甚,恐弗克瘳。"

根据上述史料以及辽宁师范大学喻大华教授的分析,当时情况大概是这样:七月十八日,嘉庆帝从圆明园启程,带着皇次子旻宁、皇四子绵忻,还有王公大臣等人踏上了秋狝征程。当时正值夏末秋初之际,中午的北国原野依然翻涌着一股滚滚热浪,让人有喘息不过来的感觉,而夜间又显得风清月明,甚至凉意丝丝,让人心旷神怡。从繁忙紧张的工作中暂时获得解脱的嘉庆帝,此刻心情应是欢愉和兴奋的,也许还憧憬着在木兰围场纵马射猎,一展雄风。前往木兰围场的第一站是承德,从北京至承德,走了七天。抵达广仁岭时,承德官员、蒙古王公纷纷前来接驾,嘉庆帝兴致勃勃,一时心血来潮,也可能是为了显示自己身体硬朗和骑术精湛,决定弃轿换马,骑上宝马良驹,一抖缰绳,策马飞奔于山岭之间。

当他们一行到达承德避暑山庄时,嘉庆帝开始觉得身体不适,症状是头晕、头疼,太医立即前来诊治,认为是"偶感喝暑",大家都没多加注意,皇帝依旧按计划到相关寺庙参加了宗教活动。第二天,不顾疲劳的嘉庆帝如常批阅奏章,快到中午时,大臣前来觐见,拿过皇帝批阅的奏折一看,顿时认为他必须休息、不能再工作了，因为这时嘉庆帝写的字已很难辨认了，可见其思维处在混沌之中。嘉庆帝也感觉支撑不住了，于是在太监的搀扶下上床休息，结果一躺下就陷入昏迷状态，太医认为是"痰气上壅"。大家围着昏迷的皇帝团团转，无计可施。大约晚上七点钟，避暑山庄的烟波致爽殿便被一阵阵哀号笼罩着，主宰中国命运二十多年的嘉庆帝去世了。

心脑血管，问题症结

到底是什么疾病夺走了嘉庆帝的生命？从这次末日之旅中，笔者看到如下关键情况。首先，平素体健的嘉庆帝从突然发病到最后死亡，时间只有一天多；其次，嘉庆帝发病早期仅有类似"偶感喝暑"的不适，即头晕、眼花，甚至轻微头疼；再次，六十岁的嘉庆帝发病前经过了长途跋涉，身心疲惫在所难免；又次，意外发生的季节是夏末秋初，阴历七月底；最后，嘉庆帝辞世当天，先在工作中出现"思维处在混沌之中"，随即很快陷入昏迷，最终连片言只语都说不出来便驾鹤西去。遗诏中"痰气上壅"的描述，显然是太医和群臣、皇子最终的讨论结果，带有中医学的专业意见。由此可见，这个来势汹汹的杀手不太像一般感染性疾病、恶性肿瘤或其他慢性疾病的急性发作，只有心脑血管的急症最像！

那么嘉庆帝是死于冠心病之类的急性心血管疾病（如心肌

梗死)吗? 这与上文的讯息并没有最直接的关联,因为这类疾病暴发前比较少出现头晕、眼花或轻微头疼的先兆;而且病人较快进入昏迷状态、肢体和语言能力迅速衰退的症状,与心脏疾病的关系不是最密切的,反倒跟脑梗死更像。有人认为"痰气上壅"不就提示胸闷不适了吗? 这不是心脏病的症状吗? 其实,这句话是来自当时太医的诊断观点,不能用现代西医学的概念直接套用。传统中医学所谓的痰有狭义和广义之分,狭义的痰指经咳嗽咳出呼吸道异常增多的分泌物,与现代西医学有关痰的概念相同;广义的痰却是中医理论所特有的一种概念,涉及临床各科,其中包括了西医诊断为脑血管意外、冠心病、高血压甚至癫痫等疾病。

中医认为由于某些致病因素的影响,人体负责水液代谢的脏腑(主要指肺、脾、肾)功能受损,以致水津停滞聚集,其聚而质稀者为"饮",聚而质稠者为"痰";因此,痰是脏腑功能失调的结果,即人体在发病过程中形成的一种病理产物。不幸的是,这些产物十分不安分,一旦形成,又可摇身一变,成为新的致病因素,并常仗着"气"的威风,随"气"而行,为害四方,还能与其他致病因素如风、寒、热、火、瘀血等狼狈为奸,随其所侵犯的部位及所结伙的不同,而出现复杂多样的病变过程,引起新的疾病。

脑梗死又称缺血性脑卒中(即脑中风),是指各种原因引起的脑部血液供应障碍，使局部脑组织发生不可逆性损害，导致脑组织缺血、缺氧性坏死，患者常出现肢体偏瘫、语言障碍，严重时出现生命危险，也属中医学"中风病"范畴。脑梗死之中最主要的一类叫做脑血栓形成，指由于供应脑部血液的动脉出现粥样硬化或血栓生长，从而使血管腔狭窄，甚至闭塞，如同日渐陈旧的生锈水管一样，是管道自身的毛病，与冠心病的发病机制几乎一致。中医方面，《高注金匮要略·中风历节病脉证治第五》首创"中风"之名："风之为病，当半身不遂，或但臂不遂者，此为痹。脉微而数，中风使然。"元代著名医学家朱丹溪的《丹溪心法》分析了中风之因，强调气血虚弱，加痰加火，认为"有风病者非风也，皆湿土生痰，痰生热，热生风"，创立中风"痰湿生热"之说。清末民国著名医家张山雷所著的《中风诠》也指出："凡猝倒昏瞀，痰气上壅之中风，皆有肝火自旺，化风煽动，激其气血，并走于上，直冲犯脑，震扰神经而为昏不识人，斜倾跌，肢体不遂，言语不清诸症，皆脑神经失其功能之病。"综合来看，当时考虑"痰气上壅"的太医们应该也是倾向于中风之类的脑血管意外，从而间接为后世提供了诊断思路。

　　也许有人提出嘉庆帝是死于脑出血，让我们分析一下脑出血与脑血栓形成临床表现的区别。脑出血的好发人群相对年轻，发病前多无先兆，患者常在活动或激动中发病，十多分钟至数小时症状达到高峰，极其迅猛（例如前文提到宋太祖赵匡胤）；

而脑血栓形成则多发生在六十岁以上的人群,常合并高血压、高脂血症或糖尿病,发病前常有短暂性脑缺血发作病史(如头晕、肢体麻木等),患者多在安静或睡眠中发病,十多小时或一两天内症状达到高峰,略为缓慢。六十岁的嘉庆帝从发病到死亡有一天左右,初期有头晕等先兆,在休息、工作中逐渐出现病情加重,而之前在剧烈活动(纵马飞奔)时并没有实时发病。这些表现更倾向于脑血栓形成。

脑血栓形成的危害程度与脑损害的部位和受害血管的重要性有关,轻者可以完全没有症状;大多数病人表现为头晕、肢体瘫痪或感觉和言语障碍;重者可因大面积脑组织坏死引起脑水肿、呼吸—循环中枢受压迫,从而昏迷,进而呼吸困难、循环衰竭而死,嘉庆帝很可能就属于最后一种情况。

事出有因,却浑然未觉

回过头来看,嘉庆帝身上藏着众多脑血栓形成的危险因素,只是他浑然不觉凶手正步步逼近而已。

第一,嘉庆帝当时已是花甲之年了。这个年龄的男性早已身处多种代谢疾病的威胁之下,如果长期忽视脑动脉硬化、高血压、冠心病、糖尿病等任何一种,都会导致极其严重的后果,更何况它们往往沆瀣一气、伙同作案呢!

第二,嘉庆帝的心情时而沉郁、时而兴奋,起伏不定。二十多年来，他为治理庞大而日渐衰颓的大清帝国耗费了毕生精力，但国家起色不大，内部暗流涌动，各种社会不稳定因素蠢蠢欲动，贫富差距拉大，官僚集团腐化，国家机器腐朽。天理教农民攻打紫禁城时射入隆宗门的箭镞，不仅永久嵌入牌匾之中，而且也永久钉在嘉庆帝的心坎上，成为他愧对祖宗的痛！长期处在压抑、烦躁和忧愁中，却祸不单行，亲弟弟庆亲王又先他而去，骨肉之情让他痛不欲生；而木兰秋狝的愉快诱惑又让渴望暂时解脱的他，突然处于极度兴奋之中，这种不正常的状态对很多心脑血管疾病都有推波助澜的作用。

第三，嘉庆帝身体本来就比较胖，从传世画像亦可得知。《清实录·仁宗睿皇帝实录》记载他"天体丰腴"，正是旁证。平日好喝酒，虽然酒量不大，但据说经常喝，加之清代宫廷的饮食以鸡、鸭、猪、羊肉为主，尤其是猪肉。长期摄入高胆固醇和高蛋白的食物，运动量又少，一切都为猝死埋下了伏笔，不良的饮食生活习惯和家族基因很可能使他成为高血压患者，而高血压对脑血栓形成的发生恰恰产生加速催化的作用。

第四，过度劳累是诱发因素。从北京到承德，嘉庆帝虽然主要是坐轿，但仍耗费了大量体力，而且饮食起居不比宫中，一路走走停停，颠簸之余还要处理政务，自然十分疲劳。到达广仁岭时，一时兴起，居然冷不防地来一次纵马狂奔，虽然跑的是马，但骑手也必须透支很大的运动量，特别是平日养尊处优的皇帝，汗流浃背、身心不适应是必然的。当出现头晕不适时，疏忽大意的嘉庆帝和群臣依然按部就班地前往寺庙进行繁琐的宗教活动，本来岌岌可危的病体又丧失了休息机会，为他的健康蒙上了浓浓阴影。

第五，当时的天气也是不可忽视的因素。夏秋交替的这段时间，北京地区的日夜温差比较大，正是中老年人罹患脑血栓形成的多发季节。

盛世一去，终成绝响

嘉庆帝的一生没有明显的过失，也没有明显的功绩，作为一个帝王，他被历史赋予了悲剧性的命运，没落的封建王朝与专制制度注定了难有作为，他也没有雄才大略和高瞻远瞩去拯救危机四伏的国家，大清这艘只有华丽空架子的旧船，即将触礁。随着嘉庆帝的离世，延续了一百多年，象征着清王朝蓬勃朝气的木兰秋狝，终于在避暑山庄画上了一个意外而凄凉的句号，康、雍、乾盛世确实一去不复返了，从此再也没有一个皇帝能够跨着骏马在那片广袤的草原上飞驰和弯弓搭箭了。历史的巧合竟然是那么悲悲切切。

历史经验固然需要今天的我们反复咀嚼的，而对嘉庆帝的健康教训，身为凡夫俗子的我们更应该反思了。

远离病榻

凡出现头晕、肢体无力、短暂性麻痹、短暂性语言功能障碍或视野不清、步态不稳等症状的中老年人，都应及时采取积极的措施，比如尽快躺下休息，避免剧烈活动，紧急联系前往医院诊疗等。平时注意清淡饮食和适当运动，保证充足的休息，控制好血压、血糖、血脂，避免过度紧张和大喜大悲。这些措施对预防脑血栓形成都是十分重要的。

第三章　九五之尊脾胃不和

酒毒胰炎危帝祚，
病从口入如狼。

斋菜自虐险中藏。

一朝雁胆石，

万寿岂无疆？

郁郁难平心苦海，

腹中癌垒尊殃。

不分贵胃与天潢。

肝炎噬扁鹊，

竟冷热心肠。

历代帝王病历表
病历号码：**EMBC0400011**

病人基本资料：

姓　名：	田午	身　份：	蔡桓公
享　年：	约43岁	民　族：	汉族
生活区域：	山东临淄	生活年代：	约公元前400年—前357年
病史摘要：	肤色严重异常		

　　"扁鹊见蔡桓公"①的故事可谓家喻户晓，然而这两人的真实名讳却不一定人尽皆知。在剖析蔡桓公的病因之前，有必要先给大家说说他们的故事。

　　先说扁鹊，本是上古时的神医，具体事迹已不可考，基本上属于传说中半人半神的那类。史籍记载，为蔡桓公瞧病的名医真实姓名叫"秦越人"，因其医术和医德几乎无人能出其右，老百姓感恩戴德，于是以神医之名冠之，也给后世造成了不少混淆。至于蔡桓公，据考证是战国人，单名一"午"字，乃田氏篡夺姜姓齐国后的国君。虽然也叫齐国，虽然也被尊称为"桓公"，但执政的家族系统已被换了血。

蔡桓公在位六年，来不及大展宏图便匆匆走进历史的故纸堆里去了，留给世界的只有一句蛮横的名言"寡人无疾"。有两个人需要与他区分：一是齐桓公，即姜小白，前姜姓齐国的领袖，著名春秋五霸之一；另一个是蔡桓侯，与主角蔡桓公不是同时代人，蔡桓侯的国都在上蔡。但蔡桓公在位时，蔡国已被灭，且都城上蔡曾一度被田氏齐国据为己有，所以后世亦称田氏齐桓公为蔡桓公，如同孟子称呼魏惠王为梁惠王（魏国定都大梁）一样。

蛛丝马迹，一望便知

从扁鹊看病的这段记载看，有如下事实与桓公的病有关。首先，很可能是种与皮肤颜色密切相关的疾病。作为中医的佼佼者，与国君保持相当距离的扁鹊居然无需"闻、问、切"，单凭一"望"便做出诊断，而且是正确诊断，除非桓公脑袋长了一个巨大肿物，否则必然是与肤色有关。其他与体貌相关的症状，比如脱发、皮疹、皮肤出血等，惜身如命的桓公断不会坐视不理。唯独皮肤颜色问题，在使用青铜镜的战国时代，真有可能因镜像失真而误导了使用者。此乃其一。

其二，从扁鹊发现症状到桓公临床死亡，经过了三四十天。其三，从扁鹊迅速做出诊断并熟练道出汤熨、针石、火剂等治疗手段看，多半是种常见病，而且扁鹊在诊治该病方面有着丰富经验和成功个案，不太像是癌症之类的不治之症。其四，故事发生在濒临大海的商业国家——齐国，不能忽略地理、人文因素。其五，桓公临终前出现了"体痛"。其六，历代帝王几乎无不追求长生不老，视个人健康高于一切，唯独桓公反常到此地步，实在必须考虑一下疾病会不会波及神经系统。

肤色泄密，循线追病

我们不妨以肤色问题作为切入点。有三大临床表现可参考：一是贫血，一是尿毒症，最后是黄疸。就贫血而言，病人的特点是脸色苍白，严重者出现心跳快、头晕、乏力，甚至注意力不集中，主要有缺铁性贫血和失血性贫血，还有骨髓病变造成的血细胞生成障碍（包括白血病）。最后一种相对少见，即使在今天，治疗也极困难且代价高昂。缺铁性贫血主要是饮食中缺乏造血所需原料而造成，正常饮食的人一般不会发病，作为一国之君，生于钟鸣鼎食之家，只怕营养过剩，要是连他都缺铁，这个国家的所有人都成饿殍饥鬼了，而且这种病的病程较长，通常不会痛着死去。失血性贫血主要是严重创伤或胃肠道内损伤造成，出血得慢则病情相对温和，出血得快则病情来势汹汹。蔡桓公若是慢性出血而亡，临终前一个月应该会觉察到明显的头晕、乏力，不至于死前才觉察到身体某处很痛；假如是急性大出血，扁鹊第二次见面时就已在葬礼上了，哪能拖个把月？

下一步要问：是不是尿毒症呢？所谓尿毒症就是肾脏功能衰竭的最终阶段（之前各阶段造成的脸色改变不明显），肾脏的排尿、排毒本领丧失，即使在目前也只能透过透析治疗。这种病人的脸色特别晦暗，不过通常在长期透析的病人脸上才看得到。距离生命终点只有个把月时，没有任何治疗的病人肯定出现了没尿、少尿、身体浮肿、皮肤瘙痒、呕吐、胃口差等症状，更有甚者，由于体内液体过多，加剧了心脏衰竭，从而出现气喘吁吁或不能平卧的状况。自我感觉良好的蔡桓公显然不具备这些，因此尿毒症应被排除在外。

桓公究竟是不是得了黄疸呢？黄疸指的是病人皮肤、眼巩膜发黄。这是一组相关疾病具有的共同表现，主要分溶血性黄疸、梗阻性黄疸和肝细胞性黄疸。引起发黄的物质叫做胆红素。

溶血性黄疸多数因血型不合或红细胞异常增多，造成红细胞过度破坏、胆红素生成过多而成，相对少见，常见于新生婴儿。成年人也有，但病势凶猛，经常引发发热、全身酸痛、小便如同浓茶色，若不治疗，病人恐怕还来不及出现脸色发黄就死了。从蔡桓公的情况看，基本上可排除。

梗阻性黄疸主要由于肝脏内外的胆道系统出现阻塞（胆石引起居多），胆红素排泄不畅造成。急性的话，通常会剧烈腹痛、发高烧、腹部按压疼痛，甚至寒颤不已，不会是发病时不痛而临终时才痛，这种情况在桓公身上也可以排除。如果是慢性的话（包括肝硬化、肝癌等），早期确实除了脸黄之外，若没注意到自己小便颜色变深、胃口差、易疲劳或皮肤瘙痒，似乎就没其他明显异常了；但是慢性梗阻性黄疸，到了晚期，由于肝脏功能受损，一般会产生腹水，也就是正常的液体跑到腹腔间隙里去了，形成大腹便便、腹胀难受，不会在生命结束前一个月还未被察觉。

现在只剩下肝细胞性黄疸了。这是由于肝脏细胞被破坏、里面的胆红素大量流散到血液系统内，从而形成脸色发黄，最常见的莫过于病毒性肝炎了。这类疾病部分是透过性交、输血、母婴传播的，比如乙型肝炎（hepatitis B）；部分是透过不洁食物传播的，比如甲型肝炎（hepatitis A）。乙肝在两广地区特别常见，北方相对少见；甲肝曾非常流行，但及早治疗是可以痊愈的。

扁鹊的诊断依据不乏"腠理、肠胃"之词，想必也是考虑到肝病之类的消化系统问题。典型甲肝的表现是发病急，早期有乏力、食欲不振、厌油腻、恶心、呕吐等。部分病例仅以发热、头痛等上呼吸道症状为开始的主要表现。随着病程进展，上述自觉症状减轻，但尿色继续加深，巩膜、身体皮肤出现发黄，逐渐出现皮肤瘙痒和腹部疼痛。不治疗的话，有可能发展至肝功能衰竭，进而死亡。生病期间，任何加重肝脏负担的因素，如喝酒，都会令病情加重。

推敲始末，还原真相

一番推敲之后，我们不妨试着还原当年蔡桓公病亡的始末。

两千多年前，肆虐人间的疾病多数是传染性疾病。当时人们根本没有疫苗注射来防止疾病，也没有足够强大的消毒设备来保持清洁，更没有现代化的卫生保健概念和习惯。可以想象在山东生活的蔡桓公，某天在宴会上兴致勃勃地品尝了来自齐国海边的鲜鱼，这条鱼恰恰未被洗干净，身上带有甲型肝炎病毒！为了追求海鱼的鲜美，蔡桓公特意嘱咐厨师不要把鱼蒸得太熟，甚至可以直接把鱼肉切成薄片，弄一顿古代刺身。贪图美味是需要付出代价的，而且可能是血的代价，如同人们吃河豚一样。再说，蔡桓公的时代，日本芥末（wasabi）没有被广泛摆上桌面。桓公饱餐后，病毒便随着肠道进入血液，最后定居在一片肥沃土地——肝脏，开始了蚕食肝脏的生活。

刚开始时，桓公也许有点轻微的不适，可能是腹胀，也可能是乏力，但是症状没有持续非常久。对于小便颜色加深，就像现在很多病人一样，桓公也只是一笑置之。当扁鹊第一次见他时，他自认小痒已被强壮的体魄彻底击溃了，于是自信地声称："寡人无疾！"其实此时，勤劳智慧但贪得无厌、饥肠辘辘的肝炎病毒正在风暴间隙中努力繁衍生息，并大快朵颐可怜的肝细胞；胆红素被大量抛出，像是大屠杀后漂浮在海面上的无数死尸。

扁鹊见到桓公脸上浮着不祥的黄色，凭着他的高度责任心和治疗该病的丰富临床经验，直言不讳："君有疾在腠理，不治将深。"但说法太直接了，而且严重缺乏医患沟通技巧和解释的耐心，接二连三碰了一鼻子灰之后，他没有改变方式，要传达的善意和性命攸关的讯息，对方完全没有接收到，甚至产生了反感。可惜啊！倒不是这些坐享其成的统治者丧命可惜，而是可惜了一代名医丧失了大展拳脚的机会，就好比天鹅不能飞翔、画眉不能歌唱一般。

这段时间，桓公或许继续大摆筵席，继续过夜生活，甚至继续酩酊大醉，已受损的肝脏继续透支，都源于他的过度自信和偏执、极端狭隘和偏见。此时，伤痕累累的肝脏开始扛不住病毒一波又一波的攻势了，过度释放的胆红素和从肝脏灭毒系统中漏网的毒素，源源不断窜入桓公的大脑，侵犯了神经系统，令他更加疯狂和固执，最后，崩溃的肝脏不得不发出求救的信号——疼啊！这是肝脏的绝命信号，桓公终于收到了，但为时已晚，回天乏术了。

弥留之际，蔡桓公想到了什么，历史没有答案。他不完全死于肝炎病毒,而是死于强烈的个性。也许身边的近侍们早就发现他脸色不对,不过明哲保身地选择了沉默,让历史和科学去判断吧!

蔡桓公之死是重于泰山还是轻于鸿毛?除了懂得防微杜渐外,如果人们从中吸取了教训——对别人的善意劝诫和有益建议,对身边的良好生活习惯,"勿以善小而不为";对自己偏激和执拗的想法,对有损健康的琐碎生活习惯,"勿以恶小而为之",那么蔡桓公之死也算是重于泰山了。

【注释】

① 《史记·卷一百五·扁鹊仓公列传》:"扁鹊过齐,齐桓侯客之。入朝见,曰:'君有疾在腠理,不治将深。'桓侯曰:'寡人无疾。'……后五日,扁鹊复见,曰:'君有疾在血脉,不致恐深。'桓侯曰:'寡人无疾。'……后五日,扁鹊复见,曰:'君有疾在肠胃间,不治将深。'桓侯不应。……后五日,扁鹊复见,望见桓侯而退走。桓侯使人问其故。扁鹊曰:'疾之居腠理也,汤熨之所及也;在血脉,针石之所及也;其在肠胃,酒醪之所及也;其在骨髓,虽司命无奈之何。今在骨髓,臣是以无请也。'后五日,桓侯体痛,使人召扁鹊,扁鹊已逃去。桓侯遂死。"

远离病榻

甲肝之害是显而易见的，如果能做到饭前便后勤洗手、讲卫生，尽量不吃未经彻底煮熟的食物，甲肝病毒是不容易侵犯人体的。倘若不慎感染，早期注意到发烧、全身乏力、食欲不振、厌油腻、恶心、呕吐、腹痛、腹泻、尿色加深，甚至皮肤发黄等症状，从而及时就医、及时诊疗，那么危险是可以避免的。

一代饕餮
——饱腹撑死的宋明帝

历代帝王病历表
病历号码：EMAD0439012

病人基本资料：

姓　名：	刘 彧	身　份：	宋明帝
享　年：	33 岁	民　族：	汉族
生活区域：	江苏南京	生活年代：	公元 439 年—472 年
病史摘要：	暴饮暴食而死		

　　宋明帝刘彧，何许人也？或者有人知道宋太祖、宋太宗、宋神宗、宋高宗……却没听过宋明帝，其实此"宋"非彼"宋"。历时三百多年的赵宋政权虽然后半程偏安一隅，但好歹也曾是个统一中原的辉煌朝代。而南北朝时期，较赵宋早立国五百四十

年的刘宋政权,不仅迫于强大的北魏之压,龟缩在长江以南,而且国力式微,存在不到六十年。在几千年的中国历史上,不过是灰暗的一笔。

南朝宋之所以没被彻底遗忘,首先要归功于大词人辛弃疾笔下的名作《永遇乐·京口北固亭怀古》,其次要感谢这个小朝廷出了一批心理变态、荒淫残暴的皇帝,刘彧就是其中一位"杰出"的代表。辛弃疾所称慕的"金戈铁马,气吞万里如虎"之人,便是凭借显赫军功、把名存实亡的东晋一脚踢开的刘宋帝国开创者——宋武帝刘裕,刘彧的祖父;辛弃疾所不屑的"元嘉草草,封狼居胥,赢得仓皇北顾"之人,便是自不量力草率北伐,结果被小名"佛狸"的北魏太武帝拓跋焘打得一败涂地的宋文帝刘义隆,刘彧之父。

猪王乱政,弑侄登基

刘裕是南朝宋唯一心智比较正常的皇帝,可惜他死后,继任者一个比一个荒唐、暴戾,简直就是"长江后浪推前浪",个个手上都沾满着同宗亲属、无辜百姓的鲜血。刘宋朝廷持续数年被腥风血雨搞得污秽不堪、萎靡不振、人人自危。宋明帝刘彧的前一任皇帝是其侄子,十六岁的小流氓——前废帝刘子业,可与北齐暴君文宣帝高洋媲美的人渣,以好色、嗜杀而臭名青史,从"废帝"的称号就知道此人日后不得好死。

刘彧天生食量惊人，吸收功能又非常好，史书特书其颇为"肥壮"。猜忌心极强的刘子业本就对宗室成员"殴捶凌曳，无复人理"，一连杀了好几个叔叔，对这个比较有名望的胖叔叔同样不放心，命人把他抓起来囚禁，肆意侮辱，给他取了个绰号叫"猪王"，还让人"掘地为坑阱，实之以泥水"，专门为他建造了"猪圈"，扒光衣服将他推到坑里打滚，又"以木槽盛饭，内诸杂食，搅令和合"，逼迫他像猪一样伸长脖子舔食，而刘子业带着一帮太监在旁哈哈大笑，其乐无穷。某天，刘子业一时心血来潮，叫人把刘彧捆了个四脚朝天，用木桩抬起来，吩咐道："即日屠猪！"多亏旁人及时劝解，差点被开膛剖肚的刘彧才捡回一条小命。

表面温和恭顺、逆来顺受的刘彧并不是酒囊饭袋，他明白"不在沉默中死亡，就在沉默中爆发"，于是暗中密谋并纠集了一批对恶棍刘子业深恶痛绝的心腹之人，趁其不备，将之弑杀；舔着沾满侄子血污的屠刀，刘彧登基坐殿，成为南朝的最高统治者，史称宋明帝。

想当初，宋明帝尚未卷入宫廷仇杀，身为皇子，貌似贤慧，身居要职，善于用人，很有文青的模样，写得一手好文章，甚至编撰了《江左以来文章志》等书，令时人称颂不已。王公大臣、黎民百姓都为迎立这位"明君"而心花怒放、充满期待。

然而，令人跌破眼镜的事情发生了。宋明帝不仅没有得孚众望,而且简直让人大失所望,继而怨声载道、不寒而栗。从囚禁到自由,从"猪王"到皇帝,从地上到天上,宋明帝哪里会想到竟能从"猪圈"里艰难地爬出来,一跃成为万乘之尊的国君。权力和地位,结束了他的噩梦,同时也将他身边之人推进了噩梦。因受过猜忌、受过凌辱,受过惊吓,心灵特别扭曲,变得相当暴淫、相当敏感、相当血腥。当政期间,宋明帝一无建树,比猪还懒,奢侈浪费、挥霍无度,致使国家经济衰退,丢失大片领土。私生活上,他沉湎于黄色娱乐活动不能自拔,甚至竟然甘心自戴绿帽,把爱妾赏赐给臣下"借种",实在荒诞得无与伦比!更可怕的是,他和侄子刘子业一样,为了消灭潜在威胁,冷酷无情地向宗室成员举起了屠刀,先是像割韭菜似地把所有的侄子斩尽杀绝;接着又把自己的手足兄弟一个个送上了断头台;最后连功臣宿将都屠戮殆尽。南朝宋政治黑暗,君臣离心,动荡不已,生灵涂炭。

一身血污的屠夫宋明帝并没有颐养天年,在皇帝宝座上折腾了七年便一命呜呼了。《宋书·本纪第八·明帝》记载:"泰豫元年春正月甲寅朔,上有疾不朝会。以疾患未瘳,故改元……夏四月……己亥,上大渐……是日,上崩于景福殿,时年三十四。"

史书没有记录他所患何病,似乎死因就要石沉大海了,然而透过荒唐天子的日常生活,还是可以窥见一点端倪。他除了荒淫无道之外,还干了什么坏事?看似平淡无奇的驾崩,背后又隐藏着什么?

饕餮自虐,赔上肠胃

宋明帝的祖父宋武帝是在沙场的刀光剑影中一步步成长为东晋名将、封疆大吏,打起仗来,可谓风卷残云,令敌人闻风丧胆、望风披靡。宋明帝也能做到"横扫千军如卷席",可惜不是在战场上,而是在餐桌上。

当宋明帝张开血盆大口把侄子和兄弟的尸山血海尽数吞噬时,天下的膏粱厚味和珍馐玉肴正源源不断地塞进他贪得无厌的大嘴。

坐稳江山之后,宋明帝不免得意忘形,恣意妄为,除了花天酒地,就是胡吃海喝。一见到山珍海味,就像见到世仇死敌一样,立即挥舞着勺子、筷箸,奋不顾身地大快朵颐,把酒池肉林一扫而光还不罢休,直弄得肚皮圆鼓、上吐下泻,被内侍抬回寝室,一路倾盆呕物恶臭熏天。

宋明帝到底爱吃什么?《南史·卷三·宋本纪下第三》记载,他"以蜜渍鱁鮧,一食数升,啖腊肉常至二百脔"。面对鲜美的腊肉,竟然一次吃掉两百多块,有种名为"蜜渍鱁鮧"的美味,据考证是河豚鱼肠和鱼鳔用蜂蜜渍成的酱,更是他的心头至爱,居然可以一连吃喝数升,足足好几斤呢!

官员虞愿的传记里记述了宋明帝的惊人之举,并无意中透露了他临死前的丑状。有一回,他的大舅子、扬州刺史王景文前来汇报工作,遇到宋明帝正凶猛地消灭"鱁鮧",一边狼吞虎咽,一边问王景文:"这东西实在好吃,你在家经常吃吗?"王景文答道:"这么昂贵的东西,臣哪里吃得起?"他听了不仅没跟王景文客套一下,说些请你也尝尝之类的话,反而很得意地显示自己能吃,左一碗,右一碗,吃得挥汗如雨,肚皮发胀。最后,人坐着不能动弹,吓得王景文不知所措,幸亏左右拿来"酢酒"(醋酒)给他喝下,打了几个饱嗝、放了几个臭屁之后,他的痛苦才暂时缓解。

这样的吃法,不吃成病,也活活撑死!果然不久,宋明帝就病倒了。但病恹恹的他一想起美味佳肴便顿时脱胎换骨、精神抖擞,随即拼死一搏,连续吃喝了三升"汁滓"(清酒和酒糟)。然而这次阎王爷不再给他机会了。①宋明帝再海量、再能吃、再疯狂,胃肠也是血肉生成,并非钢铁铸成。不过,阎王爷很可能后悔收留了他,以他的食量不把十八层地狱吃得倾家荡产才怪!这位可笑又可怜的宋明帝,究竟死于何病?

玩火自焚,吃到没命

民间俗语有"吃饱了撑着"或"撑死"之说。难道这位皇帝是被大量食物撑破肠子而死吗?没有接触过医学工作的人士,很自然会有这种文学化的想象。其实临床上这样的个案是极端罕见的，因为正常人的消化系统都有自动调节机制，胃肠器官为了保护自身，塞满食物后会自动发出讯号让主人产生饱腹感，不再有进食的欲望，这种感觉不是自己能够随意控制的。此外，就算主人强行再吞咽食物，消化系统也会产生呕吐反应，将多余或不恰当的食物残渣通过喉咙撵出体外，所以过量食物导致穿肠破肚，是不容易出现的，就算有，在产生这种恶果之前，像宋明帝如此暴饮暴食，一种很常见的疾病早就发生了，就是急性胰腺炎（acute pancreatitis）。

解释这种疾病之前，让我们先了解一些胰腺和周边的重要脏器。胰腺是长在人类上腹部深处非常不显眼的器官，虽然小且"隐居"在腹膜后，知名度远不如胃、肠、肝、胆，但作用非凡，其生理作用和病理变化都与生命息息相关。胰腺是兼具外分泌和内分泌功能的器官，部分细胞组织可以分泌胰岛素，把血液中的葡萄糖转化为能量，属于内分泌功能，不在本文讨论范围之内，我们主要谈谈它的外分泌功能，也就是消化方面的作用。

胰腺自身能产生胰液，包含消化食物所需的胰蛋白酶、胰淀粉酶、胰脂肪酶等胰酶，胰液通过胰腺内的胰管输送到邻近的十二指肠内，从而发挥不可或缺的作用；而连接胆囊的胆总管接受来自胆囊的促消化胆汁后，也输送到十二指肠内，协助胰液工作。胰管和胆总管在胰腺头部附近交会合流，外头包绕着胆胰壶腹括约肌（sphincter of oddi, SO），控制胰液和胆汁的释放。胆胰壶腹括约肌直接连接在十二指肠降部一个名为"十二指肠乳头"的装置上，实际就是两种消化液的共同出口。十二指肠是连接胃和小肠、发挥着承前启后作用的重要通道。

急性胰腺炎是常见的消化系统急症，为多种病因导致胰腺不当分泌胰酶后，引起胰腺自身消化、水肿、出血，甚至坏死的炎症反应。临床以急性上腹痛、恶心、呕吐、发热和血淀粉酶增高等为特点。病变程度轻重不等，轻者以胰腺水肿为主，常预后良好；少数严重者，其胰腺出血坏死，常继发感染、腹膜炎和休克等多种并发症，来势凶猛，一旦错过治疗最佳时机，可能危及生命，称为重症急性胰腺炎。

急性胰腺炎的病因甚多，常见的有胆囊结石、大量饮酒和暴饮暴食，任何一种因素都可单独引起该病。经常进食低纤维、高热量、高胆固醇食物者和肥胖者都是胆囊结石的好发人群。宋明帝早就以肥胖著称，还贪吃无度，而且嗜好的美食都饱含胆固醇，自然很容易罹患胆囊结石。笔者以宋明帝的龙体为标本，来具体解释这些病因是怎样导致急性胰腺炎的。

当宋明帝开始品尝美味时，胰腺便开始分泌由各种胰酶组成的胰液，这些胰液积存在胰管内，准备通过十二指肠乳头，溢出到十二指肠内，参与食物的消化；由于胆囊内有颗小胆石随着胆囊和胆总管的蠕动，突然从胆囊里掉下来，顺着胆总管向下移动，最终到达与胰管的交会点上，死死卡在十二指肠乳头开口处，此时胰管正要彻底释放大量的胰液，然而出口被堵住了，大量胰液淤积的胰管遂急遽膨胀，在这种情况下，胰液会被迫逆向倒流到制造它的胰腺上，破裂的胰管也会大量渗出胰液，后果就是胰腺本身玩火自焚。强大的消化性液体会把胰腺腐蚀得千疮百孔，好比用硫酸往脸上泼洒那样。

就算宋明帝没有胆囊结石，那种吃法、喝法早晚难逃一劫。因大量酒精和油脂类食物，不仅过分刺激胰腺制造和分泌胰液，还刺激胆胰壶腹括约肌痉挛和十二指肠乳头水肿，导致胰液排泄受阻，胰管内压异常增加，结局与胆石阻塞一样，走投无路、愈积愈多的胰液只能把怒火喷向自己的主子。

宋明帝这下遭殃了，感到左上腹持续疼痛不已，同时背部剧痛，继而腹胀、恶心、呕吐；这时，他的胰腺也许只是肿大、水肿、质脆，周围有少量脂肪坏死，尚无实质的坏死和出血，属于较轻的"水肿型"病变。这时的宋明帝终于无精打采、卧病在床了。

倘若他这时和餐桌上的恶习说再见，哪怕是暂时告别那些膏粱厚味，胰腺具备自我修复功能，可以让病痛逐渐缓解，至少有一线生机。但这位皇帝可不懂什么医学知识，就算懂，也会像商纣王那样认为"我生不有命在天"，一切都是上天注定的，当上皇帝如此，做个饱死鬼亦如此，何不痛快一回！

于是休息一段时间后,宋明帝重操旧习、故伎重演,这次胰腺崩溃了,本来就不堪重负、伤痕累累,现在大量出血和严重坏死变得不可避免,这个无比重要的器官很快弄得血肉模糊、功能尽废。此外,胰腺坏死后释放的有毒物质迅速透过血液循环扩散全身,使周围血管扩张,通透性增加,血浆因而外渗,离开血管,使得有效血容量下降、血压下降、微循环缺氧,诱发组织水肿和患者休克,最终导致肝、肾、肺、脑、心和胃肠等诸多脏器衰竭。饱食终日、饫甘餍肥、身患重症急性胰腺炎而无可救药的宋明帝,交织着狂乐和血腥的人生,随着最后一口鲜美无比的鲻鱼,化作一缕浑浊的黑烟,消失在民怨沸腾的人间,身后只是一连串嘲讽和唾骂。

后继有人,残暴更甚

宋明帝终于死了,但南朝宋并没有回到正轨上,反而在歧途上愈走愈远,他死后仅仅七年,祖父辛辛苦苦打造的帝国就换了姓氏,南朝宋彻底覆灭。

宋明帝的继承人是其子刘昱。刘昱更加穷凶极恶、残暴而无人性,对被屠杀的对象竟然"手自脔割",不嫌脏、不怕血,"天性好杀,以此为欢,一日无事,辄惨惨不乐"。他的下场又是被大臣谋杀,年仅十四岁。颇为讽刺的是,淫暴的刘子业(十六岁)是被宋明帝踏着其尸体登上宝座的,史称"前废帝";而刘昱则继承他的嗜杀衣钵，史称"后废帝"，一前一后，一对堂兄弟，两个疯狂的未成年人。

宋明帝的历史形象，让人想起了饕餮。这种神话传说中的神秘怪兽，据说是龙的第五子，长得圆眼吊睛，凶狠无比，十分贪吃，见到什么就吃什么，由于吃得太多，最后被活活撑死。宋明帝把国家吃得一蹶不振，同时也把自己吃得呜呼哀哉。如果有来世，他不该做美食家，而该做垃圾场的清道夫。

历史上贪得无厌的人很多，但是深谙"物极必反"道理的其实不多，正因如此，他们以及他们的事业，就如辛弃疾所感慨的，"风流总被雨打风吹去"。

【注释】

① 《南齐书·卷五十三·列传第三十四·良政》："帝寝疾，愿（虞愿）常侍医药。帝尤好逐夷（鳢鲑），以银钵盛蜜渍之，一食数钵。谓扬州刺史王景文曰：'此是奇味，卿颇足不？'景文答曰：'臣夙好此物，贫素致之甚难。'帝甚悦。食逐夷积多，胸腹痞胀，气将绝。左右启饮数升酢酒，乃消。疾大困，一食汁滓犹至三升。水患积久，药不复效。大渐日，正坐呼道人，合掌便绝。"

远离病榻

胰腺炎重在预防，预防的主要环节在于饮食。不能酗酒，饮酒要适量；不能吃得太饱，不能吃得太油腻，特别在晚上更要注意。总之，切忌暴饮暴食。患过胰腺炎的病人应避免重蹈覆辙，择期检查有无胆囊结石。合并高脂血症引起的胰腺炎者应长期服降脂药，并注意摄入低脂、清淡的饮食。急性发作时，患者必须绝对禁食，待症状逐渐缓解后，可进食无脂蛋白流质，如果汁、稀藕粉、米汤、菜汁、稀汤面等，以后可逐渐改为低脂半流质。此外，患者须忌食油腻性食物，如肥肉、花生、核桃、芝麻、油炸物、油酥点心等，忌食刺激性、辛辣性食物，并绝对禁烟酒。患者恢复正常饮食后，也要长期以吃低脂食品为主，例如豆制品、鱼、虾、蛋以及瘦肉等，以避免复发。

过犹不及
——苦涩沉疴的梁武帝

历代帝王病历表
病历号码：**EMAD0464013**

病人基本资料：

姓　　名：	萧　衍	身　　份：	梁武帝
享　　寿：	85 岁	民　　族：	汉族
生活区域：	江苏南京	生活年代：	公元 464 年—549 年
病史摘要：	长年素食，口苦而死		

　　从秦朝建立到清朝覆亡，中国历史上出现过数百个皇帝，其中长寿冠军是家喻户晓的乾隆帝，享年八十八岁；长寿亚军的知名度虽远逊于乾隆帝，但同样有文治武功和广泛兴趣，而且非常特立独行，可谓帝中绝品，他就是梁武帝萧衍，南北朝时

期南梁的建立者,在位四十七年,享年八十五岁。

萧衍本是南方齐朝的宗室远支,由于南齐国君昏庸残暴,国家内乱、动荡不已,担任南齐高级将领的萧衍乘机起兵夺取帝位,建立梁朝,是为梁武帝。登基初年,他"勤于政务,孜孜无怠。每冬月四更竟,即敕把烛看事,执笔触寒,手为皴裂",国家渐渐恢复元气,"天下且小康焉"。

但好景不长,梁武帝安顿好江山社稷后,便痴迷于佛教,广建寺庙,耗资无数,还身体力行,率先垂范,居然前后四次舍身到寺院当和尚,群臣集巨资才得以将其"赎"回宫。虽然他生活俭朴,"身衣布衣,木绵皂帐,一冠三载,一被二年",但终究没有把精力放在治国安邦上,为日后的厄运种下了祸根。

尽管梁武帝痴迷信仰的态度不可取,但他毕竟在医药极其落后的年代活到了八十五岁,比一千三百年后的乾隆帝仅差了三岁,延年益寿的经验尤其值得分享。

先天足、后天调的长寿之道

梁武帝年轻时勤于锻炼身体,自幼积极参加各种军事训练,精习骑射,弓马娴熟,其后南征北战,屡立战功;三十岁便独当一面,镇守寿春,抵御北魏,也经常和士兵们一起摸爬滚打。称帝后,还时时进行围场狩猎。这些行为无疑能活动筋骨、增加血液循环、促进新陈代谢、增强抗病能力。

他胸襟宽阔，豁达宽容，从不为小事而生气，对喜、怒、哀、乐均能泰然处之，这也是长寿的原因之一。臣僚们一些令他不快的言行，总能一笑置之，从不睚眦必报；尤为称奇的是他喜欢"长哭当歌"，不良情绪要及时疏泄才利于健康，哭就是一种很好的疏泄方式，痛痛快快地哭一场可将心中的抑郁、忧愁倾泻而出。梁武帝身居高位，并不讳忌所谓男人或帝王的颜面，哭帮助他在不知不觉中缓解烦恼和压力，避免了不良情绪对身体的损害。

最值得称道的是，梁武帝爱好广泛，多才多艺，知识渊博，他的诗写得非常优美，如"河中之水向东流，洛阳女儿名莫愁"的七言诗开山之作，传诵后世；同时也喜欢书法，无论草书或隶书都流畅有力，造诣精深；另外，棋艺超群、精通音律。这些业余爱好和兴趣，无疑充实了生活，陶冶了性情，使脑血流量经常保持丰富，对健康很有利。

他戒酒禁色。由于笃信佛教，严格遵守佛教"五戒"的"不饮酒，不淫乱"，把醇酒当成毒药，把美女看成魔鬼，不举酒杯，不近女色。这是非常重要的养生原则。

众多生活习惯中，有一样最能体现他的意志和虔诚，就是坚持茹素长达数十年。虽然本质上是宗教行为，但在一定程度上发挥了预防老年代谢性疾病的作用。

佛教思想对梁武帝的影响极大,他把佛教慈悲戒杀理论和儒家"君子之于禽兽也,见其生,不忍见其死;闻其声,不忍食其肉"的仁恕思想结合起来,大力推广,不仅自己不食肉,还要求国家祭祀也要戒杀,用蔬果代替猪、牛、羊等。他为此写过一篇《断酒肉文》,认为荤食是"一切众病"的因,自此以后,素食就成为中国佛教的特色。

梁武帝自受菩萨戒后,严守戒律。作为万乘之尊,这位皇帝菩萨的日常生活竟清苦得如同苦行头陀,长期素食,以吃豆类、杂谷为主,从不膏粱厚味,平时饮食极其简单,"膳无鲜腴,惟豆羹粝饭而已",有时甚至"日止一食"。当然,宫廷素食具有较高的营养价值,有谷物、豆类、蔬菜、瓜果、蘑菇、竹笋、大枣和核桃等,都是低脂肪、低胆固醇的食物,不会引起血脂过高。植物性食物中的矿物质、膳食纤维能净化血液,让脏器、皮肤充满生气,同样体积的植物性食物热量普遍比动物性食物低,维持饱腹感的同时又不积存过多热量。适当的素食可以预防高血压、冠心病、高脂血症、糖尿病和脑中风,甚至癌症等常见老年病的发生。

不过,凡事有利必有弊,素食亦然。梁武帝也不可能绝对健康,只是总体而言,在健康之路上走得比较成功。

极擅摄生的梁武帝先天足而后天调,眼看着准备过九十大寿,一举荣膺我国帝王长寿冠军了,然而一场突如其来的大变故,使他功亏一篑。惜哉!

侯景之乱,沦阶下囚

"南朝四百八十寺,多少楼台烟雨中。"梁武帝不知道自己一手创建的帝国,在晚年已是危机四伏,由于他不务正业,专信小人,一度繁荣昌盛的南梁逐渐变得乌烟瘴气、朝政昏聩、民生凋敝。

在他沉溺于佛法世界不可自拔之时,爆发了"侯景之乱"。侯景是个已被鲜卑族同化的羯族人,曾担任北朝东魏的怀朔镇外兵史,《南史·侯景传》说此人"少而不羁,见惮乡里。及长,骁勇有膂力,善骑射。狡猾多计,反复难知",他因在东魏失势而转投南梁。梁武帝不听劝阻,执意收留并拜为封疆大吏,岂料侯景不久便举兵反叛,利用广大民众对南梁政权的不满情绪,一举攻破都城建康(今南京),梁武帝随即沦为阶下之囚,被侯景软禁于台城净居殿。

民间盛传梁武帝是被侯景活活饿死的,但《梁书·卷五六》有如下记载:

> 高祖(梁武帝)坐文德殿,(侯)景乃入朝,以甲士五百人自卫,带剑升殿。拜讫,高祖问曰:"卿在戎日久,无乃为劳?"景默然。又问:"卿何州人,而敢至此乎?"景又不能对,

从者代对。及出，谓厢公王僧贵曰："吾常据鞍对敌，矢刃交下，而意气安缓，了无怖心。今日见萧公，使人自慑，岂非天威难犯。吾不可再见之。"

生死存亡之际，梁武帝体内被尘封了半个多世纪的强悍基因被瞬间唤醒，别忘了他曾是成功的职业军人！此刻虽气数将近，但对答仍是不卑不亢、有节有理，倒是自以为勇猛，但迷信天命又做贼心虚的侯景被震慑住了，于是只好把梁武帝的御膳"裁抑"，并非指断绝一切食物供应。作为囚徒天子，再吃好、喝好当然是不可能的，但侯景似乎并不急于饿死他；如果侯景要置他于死地，大可一刀弑之，无需将其饿毙，以免夜长梦多——但无论是饿死还是杀死梁武帝，这两种手段异曲同工，都会招来"残忍弑君"的千古骂名；再说，风烛残年的梁武帝已成瓮中之鳖，忧愤交加，饮食起居大不如前，自然不久于人世。对于这一点，狡猾的侯景是心知肚明的。梁武帝是阴历三月落入敌手，五月去世。如果耄耋之年的人被断食、断水，怎么可能存活一个多月呢？

至于梁武帝的死前状况，《南史·梁本纪中第七》描述："虽在蒙尘，斋戒不废，及疾不能进膳，盥漱如初……疾久口苦，索蜜不得，再曰'荷，荷！'遂崩。"看来不是没东西吃，是他病倒了吃不下。

临终"口苦",唯一线索

综合史料分析,梁武帝临终前出现"口苦"的症状,不久就进入意识不清,甚至昏睡的状态,以至于仅发出几声"荷,荷"的呻吟,无法清晰表达自己的不适。《南史·梁本纪中第七》记载:"夏四月……己酉,帝……忧愤寝疾。五月丙辰,帝崩于净居殿。"笔者查过,这段时间即公元五四九年阳历六月五日到六月十三日,其间共七天,也就是说,梁武帝从发病到死亡,大约经过一周左右。

变乱之前,梁武帝的身体一向硬朗,没有长期患病的记录,而变乱被囚不久即撒手人寰。排除他杀因素,笔者认为他的死与周围环境乃至个人心境的突然改变,有着千丝万缕的关系。"口苦"似乎是唯一线索,他的病因值得琢磨。

梁武帝是不是患有糖尿病,继而诱发酮症酸中毒或高渗性昏迷等急性并发症而死呢?许多糖尿病患者会出现烦渴、多饮等症状,也确实有部分患者会觉得口苦,不过,糖尿病本身并非急性病,梁武帝不可能如此巧合,从前没患此病,被囚后才突然发病。如果死于那些急性并发症,就说明事发前已长期患糖尿病且病情较重;然而在缺少有效降血糖治疗法的古代,患者很难活到八十五岁,并继续赋诗作文、讲经念佛;再说,梁武帝颇重养生之道,既不废规律作息,又坚持清淡饮食,实在找不到糖尿病的易患因素。种种迹象表明,他患糖尿病的可能性不大。

有专家认为癌症患者也会出现口苦,因为丧失对甜味食品的味觉,而对食物发苦的感觉与日俱增,这与患者舌部血液循环出现障碍和唾液内成分改变有关。但癌症是慢性疾病,不会突病暴死,倘若梁武帝长期患有癌症,那么不大可能寿比南山,并在自己的爱好和信仰中乐此不疲而毫无病状,可见患癌症的可能性也不大。

那么,梁武帝究竟所患何病呢?

延迟诊断,胆石夺命

寻找答案的关键点依然在"口苦"之上。

口苦是指口中有苦味,多见于急性炎症,以肝、胆炎症为主,常与胆汁代谢有关。从古代中医的角度看,多由热蒸胆汁或胃热熏蒸、上溢所致。《灵枢·邪气藏府病形》说:"胆病者,善太息,口苦。"中医还认为,肝、胆疾病者早晨起来如口苦,多是由于湿热引起的,肝、胆湿热导致口苦,可能是由于肝、胆存在炎症引起,如胆囊发炎时,胆汁排泄异常往往会导致口苦。难道梁武帝患有严重的急性胆囊炎?

过犹不及,物极必反。梁武帝素食半生,持之以恒,这种貌似健康的饮食方式,不可否认有科学、合理的一面,但长年累月如此,其实早已包藏着不小隐患,其中之一就是诱发胆囊结石

（cholecystolithiasis）。

近年来，不少人开始认识到油腻食物可导致身体肥胖，催生许多疾病，摄入大量脂肪后，胆固醇增高，患胆囊结石和心脑血管疾病的几率也随之增加。这些看法都没错，但某些人因此对素食情有独钟，甚至有的人终年不吃肉，其实是对素食的误解。长期单纯地摄入素食会导致食物成分比例失调，同样会引起许多疾病。研究证明，老年胆囊结石患者有近半数是由单纯素食引起。

胆囊结石的发生取决于一个重要因素，即胆固醇在胆汁中的溶解度。正常人胆固醇与胆汁中的胆盐、卵磷脂按一定比例混合溶解，不易形成结石析出。这个比例一般为胆盐加上卵磷脂和胆固醇的比例应为12∶1，如果小于这个比例，就有可能患上胆囊结石。长期吃素的人（尤其是老年人）卵磷脂摄入会不足；素食中植物纤维过多，可使胆汁酸的重吸收减少，导致胆盐浓度降低；素食者体内维生素A、维生素E严重缺乏，致使胆囊上皮细胞容易脱落，与胆固醇沆瀣一气，最终促进结石的形成。

胆囊结石的形成还与其他不良的生活习惯关系密切，如喜静少动和空腹时间过长等。梁武帝中年以后长期参禅打坐，体力活动自然大为减少；又常"日一蔬食，过午不食"，人为造成挨饿状态，这些虔诚的举动却使得胆囊结石的产生更易如反掌。

胆囊结石是急性结石性胆囊炎的发病基础。急性结石性胆囊炎是由于结石阻塞胆囊管,造成胆囊内胆汁滞留,继发感染细菌而成。如炎症波及胆囊壁全层,囊内充满脓液,则称为急性化脓性胆囊炎;如胆囊因积脓极度膨胀,会引起胆囊壁缺血和坏疽,即为急性坏疽性胆囊炎,此时胆囊壁会发生穿孔,导致腹膜炎甚至感染性休克和死亡。急性胆囊炎的发病除了与饱食、吃油腻食物有关之外,也与劳累及精神因素有关,常突然发病,出现典型的右上腹绞痛,伴有寒颤、发热、恶心或呕吐,而老年患者往往症状不典型,容易造成误诊或延迟诊断,或许梁武帝就是直接死于急性胆囊炎。

可以想象,八十五岁高龄的梁武帝长年茹素,胆囊内其实已长着一颗"石头",只是平素优越、安稳的生活,使这颗石头暂时安分守己,因而与老病人长期和睦相处;然而,天有不测风云,梁武帝突遭横祸,身陷囹圄,此时他的精神上苦不堪言,只能念佛度日;身边内侍寥寥无几,有时叫天天不应,叫地地不灵;食物也愈来愈粗糙、愈来愈低劣。终于有一天,石头从胆囊壁上掉了下来,卡在胆囊开口上,而潜伏的细菌乘虚而入,长年吃素使他营养素缺乏,身体免疫力下降,无力抵御细菌的侵袭。急性胆囊炎终于爆发,如同侯景之乱,来势汹汹,以迅雷不及掩耳之势把梁武帝击倒了,他觉得口苦,也觉得右上腹疼痛,也许是身边无人照料，没有人详细记下他的症状；由于无法治疗、缺少照顾，病情逐渐恶化，连正常进食都难以进行，真是雪上加霜！

拖延了大约一周，急性坏疽性胆囊炎及继之而来的感染性休克陆续向命悬一线的梁武帝扑来。此时他的血液里全是各式各样、作恶多端、贪婪蚕食的细菌，多个器官开始衰竭，人也变得淡漠和神志不清，对痛觉已开始麻木，对一切反应都开始迟钝了，迷迷糊糊地喊着"口苦"，慢慢地，两眼变得浑浊，嘴角发出"荷，荷"的呻吟，便是弥留时最后的叹息……

千古奇帝，盖棺定论

无论梁武帝是饿死还是病死，都是自作孽，他之死乃是由于侯景之乱，而侯景之乱则是因他沉迷佛教，挥金如土，大兴土木，滥建寺庙，以致朝政废弛，国库亏空，民不聊生，举国怨恨。虽然侯景造反只是为了实现个人野心，然而在客观上却获得了老百姓的暂时支持，因此得以迅速击溃梁武帝的军队，可见梁武帝崇信佛法并四次舍身侍佛，并没有获得佛祖保佑，反而落了个国破身亡的悲惨结局。尽管侯景不久即败亡，但南梁也已陷入风雨飘摇之中，八年后就被陈朝取而代之，成为历史上空一颗不怎么璀璨的流星。

中国历史上，梁武帝肯定不是千古一帝，但可算是千古奇帝。统治前期,他确实为南方的稳定和发展呕心沥血,国势蒸蒸日上;然而,虎头蛇尾,对佛教的过度痴迷,最终葬送了长寿冠军的称号,葬送了一代明君的美誉,也葬送了南梁的大好前程。

钱穆《国史大纲》说:"独有一萧衍老翁,俭过汉文,勤如王莽,可谓南朝一令主。"其实用现代的眼光看,汉文帝的勤俭节约颇有政治作秀的嫌疑,而新朝王莽的勤政爱民,就更显得矫揉造作、装模作样。历史的审判让欺世盗名的王莽不得善终,梁武帝萧衍的下场也好不了多少,仅是免于碎尸万段、挫骨扬灰罢了。治理国家上,梁武帝"专听生奸,独任成乱",日常生活上,政教不分,一意孤行,结果是国家衰亡,自己也在疾病和忧愤中呜呼哀哉。这个悲剧的起源就在于太"过",要想真正有所建树,凡事不可"过"。梁武帝比汉文帝和王莽做得更"俭"、更"勤"又如何?只不过是建立在过度痴迷上的沽名钓誉而已。

远离病榻

在营养专家眼中，没有绝对的坏食物，只有绝对的坏吃法。素食食材的脂肪含量普遍较少，基本不含胆固醇，的确能有效减少心血管疾病的发生；此外，素食的纤维素含量非常充足，可以带走身体内部分毒素；多吃蔬菜、水果有助于防止肿瘤发生，有利养生。但是单纯的素食并非绝对健康，摄入更多植物性食物，虽意味着带来更为丰富的水溶性维生素和膳食纤维、更少的饱和脂肪酸和胆固醇，但也会引起一些营养素缺乏的不良状况：优质蛋白的摄入减少；植物性食物中的钙吸收率低，再加上膳食纤维及植酸对营养素吸收的干扰，很容易造成微量营养素如维生素、微量元素的缺乏，如钙、铁、锌、硒及维生素A、D等。

另外，患有肝、肾疾病的人也不适合素食，尤其是尿毒症患者，素食会导致钾的摄入过多，而优质蛋白质的摄入严重不足，将导致病情恶化。不管是哪种饮食方式，只要违背了膳食均衡原则，都可能影响健康，只有平衡膳食才是养生之法、健康之道。

历代帝王病历表

病历号码：EMAD0529014

病人基本资料：

姓　　名：	高洋	身　　份：	北齐文宣帝
享　　年：	30岁	民　　族：	汉族
生活区域：	河北临漳附近	生活年代：	公元529年—559年
病史摘要：	酗酒，疯狂杀人		

北国的某个阴森夜晚，月儿往死寂的漳河里投射着点点慑人的寒光，岸边恢宏的皇家高台，此刻正灯火通明，歌舞彻夜不断，酒气彻年不绝。这里是河北邺城，南北朝时期北齐的都城。

宴会厅上高朋满座，亮如白昼，勋戚、重臣和名士们正陶醉在奢华、美艳和畅快之中。随着一声"皇上驾到",一个摇摇晃晃的身影不知何时出现在主人位置上。宾客们先是一愣,接着一惊,然后是长长的静默;看着台下一片鸦雀无声,皇帝微笑着招呼大家一醉方休,众人遂低下头、诚惶诚恐地咀嚼起食物,却味同嚼蜡;皇帝突然醉醺醺地从身后提出一个球形物体,使劲一扔,"啪"的一声摔在大厅中央。人们定睛一看,立马大惊失色,原来是个狰狞的、鲜血淋淋的人头,有人认出来了,那是皇帝最宠爱的女人——薛嫔!

这时,几名兵士把一具无头女尸抬了上来,皇帝的醉眼朝他们狠狠地示意了一下,兵士们随即像庖丁解牛似地把残骸大卸八块,并特意砍出大腿,拿利刃把皮肉一点一点剔除,把白森森的腿骨刮得丝沙作响,空气中弥漫着血腥、污秽和恶臭,宾客们无不毛骨悚然、汗流浃背,有的甚至掩面呕吐。不一会儿,一条完整的、可以媲美解剖课标本的大腿骨便展现在众人眼前,皇帝一跃而起,操起手上的家伙,拾起美人的腿骨,现场利索地制成一把琵琶,并即兴演奏一曲,边弹边唱,那乐声不知道是不是"大弦嘈嘈如急雨,小弦切切如私语",在座的宾客只觉得"'头颅'乍破'脑浆'迸",体内"冰泉冷涩'血'凝绝"。皇帝歌罢,酒醒三分,竟然叹息曰:"佳人难再得,甚可惜也!"随即命人厚葬薛嫔,自己披头散发、号啕大哭,随之而出。

这是《北史·卷七·齐本纪中第七》的真实记载,这位皇帝就是北齐的开国之君——显祖文宣帝高洋。

荒淫怪魔,举止狂乱

高洋和他的国家在历史上都有点默默无闻。南北朝时期,中国北方曾被鲜卑族建立的北魏控制,南方自东晋灭亡后,宋、齐、梁、陈轮流坐庄。北魏境内俨然成为民族大熔炉,胡人汉化,汉人胡化;此后,北魏分裂成东、西两魏,西魏最终被北周取代,而东魏就是北齐的前身。

高洋的家族本来流淌着汉人的血液,但长期与胡人杂居,他们身上似乎找不到多少儒家汉文化的基因,其父、其兄均身居高位,把持东魏朝政,将魏帝玩于股掌之中。高洋上台后,便立即废黜魏帝,自己称帝。但由于他和他的继任者长期荒淫无道,北齐国运不昌,仅存二十八年即被杨坚的北周吞并。

高洋在位九年,正是北齐最黑暗、最恐怖的九年,虽然知名度远不及夏桀、商纣等暴君,但那些残暴的真人真事,足以令任何暴君都自愧不如。这样一位破纪录的人物居然"默默无闻",实在太对不起他一生创造的杰作了,很可能是因这个国家只是割据政权,存在时间短而影响区域少,又没有人需要像极力抹黑隋炀帝那样,在野史、演义中让其大放异彩。

登基之初,高洋二十出头,并不是以恶魔形象登场的,反倒像个年轻有为的政治家,留心政务,改革官制,削减州郡,整顿吏治，训练军队，加强国防，还抓住机遇出兵进攻柔然、契丹、高丽，均大获全胜。同时，北齐的农业、盐铁业、瓷器制造业均得到长足发展，在同时代三个国家中，一度比陈朝、西魏都富庶和强盛。然而好景不长，几年之后，风云突变，得意洋洋的高洋好像变了另一个人似的，开始了莫名其妙的疯狂和肆虐，又淫又暴，朝政无暇顾及，最终三十岁便匆匆病死，留下一个烂摊子。

是什么导致了"有人君大略"的一代英才堕落成一头狂魔呢？整部北齐的历史，每一页几乎都让读者闻到一股浓重的血污腥臭，听到阵阵无辜者凄厉的嘶哑喊叫，北齐二十八年的朝政几乎都被一群兽性变态者把持着。高氏家族可能存在某种遗传的不良基因，因为高洋本人、父亲、母亲、兄长、弟弟、侄子都有严重的暴力倾向：他老爸高欢位居丞相之尊，某次竟因和同僚政见不合而勃然大怒，把对方的牙齿打掉两颗。高洋在情感、意志、认知等方面有精神疾病的嫌疑，但有另一原因也能解释他的疯狂作孽，就算高洋的基因完全正常，就算他没有精神病，最终也会难逃变态、失德乱政，这个罪魁祸首便是酗酒。

酒不离口，盏不离手

中国人好酒，世人皆知，中国君王酗酒的恶行可谓罄竹难书，商纣王因沉湎酒池肉林而在史上骂声不绝。不过限于酿酒技术未成熟，上古时期的酒水酒精浓度并不高，对身体和精神的伤害程度很有限，否则像纣王那般"为长夜之饮"，可能还没等到周武王灭他，酒精就先把他给灭了。历史发展到南北朝时期，随着经济增长、民族交流和酿酒技术的蓬勃发展，中国人逐渐酿造出纯度很高的酒，比如"祭米酎"、"黍米酎"等。北魏时期诞生的《齐民要术》就是世界上最早的酿酒工艺学著作之一。

高洋生长在这伟大时代，幸运地享受最新科技成果，但也把酒精造成的恶果倍数地放大，害己、害人、害国。取得一点政绩之后，放纵的本性开始表露无遗，整日游弋于美酒的海洋中，酒不离口，盏不离手，在酒醉和酒醒的规律中不断循环。别人喝酒以容器或容量为单位，或是碗，或是斤，他则以时间为单位，基本单位是天，他的行为逐渐变得荒诞和残忍，一颗曾被理智锁住的野兽之心终于被酒精彻底释放。

从医学的角度看，酗酒可导致急性酒精中毒（包括单纯性和复杂性醉酒）、酒精依赖和慢性酒精中毒，其临床表现各有千秋，但在高洋身上都体现得淋漓尽致。酒精中毒（alcoholism）毁灭了一个青年帝王和他的臣民，笼罩在酒气和血腥之下的北齐迅速走向沉沦毁灭。

烂醉如泥，疯狂初现

单纯性醉酒又称普通醉酒，是最常见的急性酒精中毒。出现微醉时，往往感到心情舒畅、妙语趣谈、诗兴大作，但这时眼和手指的协调动作已受到影响，比如李白"会须一饮三百杯"之后，"酒入豪肠，七分酿成了月光，还有三分啸成剑气，秀口一吐，就是半个盛唐"。高洋可没那么文雅，根据《北史》记载，他喝到酣畅时就起身擂鼓，然后疯狂跳舞，直至筋疲力尽。

如果继续饮酒，血液中酒精浓度继续上升，会出现举止轻浮、情绪不稳、激惹易怒、不听劝阻、感觉迟钝、步态蹒跚，是急性酒精中毒的典型表现。血液中酒精浓度再进一步上升时，平时被抑制的欲望和潜藏的积怨会发泄出来，表现为出言不逊、借题发挥，甚至行为怪异，继而滋事肇祸。

高洋在这方面可谓表现到位，酒后大搞后现代主义的行为艺术：三伏盛夏，脱衣暴晒；三九严寒，裸奔长啸，随从羞愧难当，他却怡然自得；有时又涂脂抹粉，身穿胡服，招摇过市；有时甚至手持长剑或张弓搭箭，在街道上癫狂比划取乐。全城百姓无不骇然，唯恐走避不及。对被处决的死刑犯，他命令全部肢解并投进江河或火海中，自己在一旁尽情观赏。在这种状态下，如果继续喝酒，很容易进入昏睡、昏迷状态，甚至一醉不醒。不过，也许当时"佳酿"的酒精浓度确实不怎么样，不可与今日之茅台、洋酒同日而语，高洋暂时躲过一劫，只是烂醉如泥。

当高洋发展到复杂性醉酒时，愈来愈多无辜生命在他的淫威下，受到残忍的伤害和致命的摧残。复杂性醉酒的狂躁兴奋与单纯性醉酒的欣快兴奋不同，它是在不愉快的情绪背景下出现的暴力倾向型兴奋,病人易激惹和冲动,常有激烈的报复行为,处于较深的意识混乱状态之中,会因妄想而伤人,出现攻击和破坏行为,又会因环境刺激而再度兴奋,与单纯性醉酒进入麻痹期后兴奋消失、昏昏欲睡有着明显区别;有时也可能出现极端抑郁状态,频繁出现大哭或自责自罪,甚至有自杀倾向。

某日,高洋酒后在街上随口问一个妇女:"当今天子如何?"妇女不识皇帝真面目,愤愤地道出实情:"颠颠痴痴,何成天子?"高洋听罢大怒而杀之。两个弟弟高浚和高涣时常规劝,他极不耐烦,居然命人把弟弟们囚禁起来,自己提起铁矛向二人猛刺,两个弟弟用手抓住铁矛挣扎,号哭震天,不久就被刺成两团肉酱,高洋随后又放一把火把尸骸烧成焦炭。又有一次,太后责备他酗酒,他竟扬言要把母亲嫁给胡人,并推倒母亲的坐床,令太后猝不及防,摔个半死。事后,高洋后悔莫及,甚至声称要以自焚谢罪,在母亲劝说下才勉强放弃这可怕的念头,但严令别人用棒子打他屁股作为惩罚,并扬言:若"杖不出血,当即斩汝"。

酒精中毒,不可自拔

经历了无数次急性酒精中毒之后,高洋开始产生了酒精依赖。酒精依赖是指由于长期大量饮酒而产生对酒精的强烈渴望和嗜好,以至于不能自制。病人饮酒至上,置个人健康、家庭、事业、社会规范于不顾；如停止饮酒便出现戒断症状——四肢及躯干震颤和情绪激动等，进一步发展会出现错觉、幻觉和谵妄，此时病人已发生人格改变，日常工作不负责任，家庭关系恶化，道德败坏。

某次，一时没找到酒喝，烦躁的高洋闯进岳母家中，见岳母一副养尊处优的样子，顿时无名火起三千丈，拿过弓箭，一箭射中岳母的脸，并对血流如注的岳母说："吾醉时尚不识太后，老婢何事！"又抽了被视为老奴婢的岳母一百马鞭才肯罢休。

此时的高洋已无法把心思放在正事上了，整天忙于导演一部部触目惊心的恐怖片。在金銮殿上置一口锅和一把锯，从早到晚不停地烹人、锯人，乐此不疲，宫里的人愈杀愈少，最后司法部门只得把死刑犯送到皇宫供他杀人时用。后来杀得太多，死囚也不够供应，官员们干脆拿拘留所里正在审讯的嫌疑人充数，称为"供御囚"。尸山血海，原东魏的皇族也惨遭毒手，他们的尸体被抛进漳河里，老百姓捕了漳河之鱼，剖腹一看，里面竟全是人类的指甲。

最后，高洋过渡到了慢性酒精中毒阶段，生命也逐渐走向终点。慢性酒精中毒是指长期酗酒而导致中枢神经系统和全身其他器官的严重受损。酒精即乙醇，是亲神经物质，过量乙醇会随着血液闯入大脑，破坏神经细胞，造成大量神经细胞死亡，削弱中枢神经系统，从而造成大脑活动严重失常。

这一时期的病人多合并肝脏、心脏损害，常见的是肝硬化和心肌病，直至多器官功能衰竭。病人彻底沦为酒精的奴隶，须臾不能离开酒精，最后难以进食，以酒为饭，以酒度日。此时的精神障碍亦十分可怕，病人变得自私孤僻、情感迟钝、能力低下、思想愚蠢。值得一提的是，这些病人大多罹患"嫉妒妄想"和"幻觉症"。

某年北齐大旱，高洋率众前往漳河边的战国名臣西门豹祠堂祭祀求雨，但得不到老天爷的怜悯，旱灾照旧。高洋一怒之下，命人把祠堂拆毁，把坟墓挖掉，其疯狂、愚昧的行为已到了不可收拾的地步。

大臣崔暹病故，高洋前去吊唁，见未亡人李氏，随口问了句："颇忆暹否？"李氏正肝肠寸断，感情真挚地回答："结发义深，实怀追忆。"不料高洋顿时嫉妒起人家夫妻的恩爱之情，冷冷撂下一句："若忆时，自往看也。"随即"亲自斩之，弃（李氏）头墙外"。本文开篇那位遇难者薛嫔，本来深受高洋宠爱，可是高洋忽然怀疑她和堂叔高岳私通，自认戴了绿帽的疯子醋意大发，一气之下把薛嫔宰了，随后便导演了那出恐怖剧。

到了三十岁时，高洋的肝脏等多个重要器官都已被酒精腐蚀得千疮百孔。这时的他除了每天喝酒之外，什么事都不能干了，茶饭不进，人事不理，神思恍惚，时常惊呼白日见鬼，最后在昏醉中一命呜呼，跑到另一个世界和商纣王斗酒去了，顺便切磋一下纣王的炮烙之刑和他的烹锯之屠,哪个更厉害、更刺激。

魔鬼狂欢,一身昏暴

高洋的残忍暴虐可谓史上之最,奇怪的是,略比他早一点的南朝刘宋政权,也出了若干位几乎同样变态的国君,比如丧失人伦的前废帝刘子业,比如杀人成瘾的后废帝刘昱,他们的事迹同样令人怵目惊心、匪夷所思。北齐文宣帝高洋在酒精的毒害下,只是集所有暴君、昏君之大成于一身而已。

魏晋南北朝是中国历史上最激烈动荡的时期,国家分分合合,华夏兵戎相见。北方,数个游牧民族趁着西晋瓦解南下掳掠,各自建政并相互吞并,持续二百六十多年;南方,随着东晋垮台,四个汉族政权你方唱罢我登场。政权易手、血腥杀戮已是家常便饭,正因如此,历史上罕见出现了帝王集体性荒淫残暴,以至于人们怀疑某些皇室家族患有精神疾病基因。

在当时险恶的政治环境中,所有最高权力拥有者都难逃悲惨的结局,几乎已到朝不保夕的地步,颇感世态炎凉、如履薄冰,在巨大的压力下,心理必然发生扭曲;在权力欲望无休止的膨胀下,无所约束的他们便用残暴来掩饰恐惧、用放纵来宣泄压力。这时,酒精不适当地产生了助纣为虐的作用。

远离病榻

酗酒是损害身心健康的行为。乙醇分子量极小，可以进入人体内的每个细胞，尤其是大脑的神经细胞，过量堆积易诱发肝硬化、肝癌、脑萎缩、精神病和心脏病。

少量饮酒可以加强人与人之间的沟通，拉近人与人之间的感情，也可以促进血液循环；如果过量饮酒，所有的益处将化为乌有，给自身、家庭和社会造成危害。因此，我们倡导文明、健康、科学的饮酒方式：

一、保持节制的酒量，成年男性每日酒精量少于25克，等于啤酒750毫升，葡萄酒250毫升；成年女性每日酒精量少于15克，等于啤酒450毫升，葡萄酒150毫升。

二、采取适宜的速度，小酌慢饮。

三、选用合适的温度。温白酒时要先温到65度以上，再逐渐降至喜欢的温度，这时甲醇等有害杂质可被挥发掉。

四、选择适当的时机，不要在沮丧或空腹时喝酒。

历代帝王病历表

病历号码：EMAD1427015

病人基本资料：

姓　　名：	朱祁镇	身　　份：	明英宗
享　　年：	37岁	民　　族：	汉族
生活区域：	北　京	生活年代：	公元1427年—1464年

病史摘要：腹部膨隆而死

对历代绝大多数中国帝王而言，"太上皇"是权力和地位的诅咒，有恋恋不舍却不得不承认既定事实的，像唐高祖李渊、唐玄宗李隆基；有大难临头、无力视事的，像宋徽宗赵佶、隋炀帝杨广；有年老体衰、自动禅位的，像宋高宗赵构、清高宗乾隆。

理由千奇百怪，但有一样几乎肯定的，就是一旦荣登这个比皇帝更"尊贵"的宝座，基本上意味着政治生命及肉体生命的尾声。这个特殊的群体里却有一朵奇葩，这位老兄虽然不幸坐过这张晦气的宝座，日后居然能咸鱼翻身，得以重新登基坐殿，对帝国恢复行使皇权。这位前无古人、后无来者的奇帝就是明英宗朱祁镇。

两起两落，英年早逝

朱祁镇幼年即位，作为守成之君，幸福快乐地在太监陪护下逐渐成长为二十出头的风度青年。天真无邪的英宗在大太监王振的撺掇诱导下，竟然轻率地御驾亲征蒙古的瓦剌部队，结果兵败土木堡，继宋朝几位皇帝之后，再度耻辱地沦为高级阶下囚，"欣赏"了整整一年荒芜凄寒的北国风光之后，因丧失利用价值，最终侥幸地被瓦剌遣返回国。然而，国不可一日无主，弟弟郕王朱祁钰在他"北狩"之际，已接替了他的权力，改元"景泰"，并在于谦等人辅助下取得北京保卫战的完胜，挫败了瓦剌的进攻，初步显示出不俗的政治才能。

英宗回归，令本只想监国摄政的景泰帝戒备之心大增，贪恋权位的他不想交出权力，便假惺惺地把哥哥尊为"太上皇"，第一时间将其软禁在闭塞的南宫之中，并严密监视。可是，有些东西本来不是你的就是不属于你，天意如此，虽然"景泰"比英宗那些"正统"、"天顺"年号要出名得多。

七年之后，景帝病重，英宗在部分大臣的裹挟下复辟成功，废景帝为郕王；又过了八年，三十七岁的英宗带着无限遗憾匆匆结束了大起大落的一生。虽然他的人生混混碌碌，可是人性光辉竟然在此时此刻出人意料地迸发，"遗诏罢宫妃殉葬"，结束了大明王朝用活人殉葬的残酷历史。在此之前，从太祖朱元璋到成祖朱棣，直到英宗的父亲宣宗朱瞻基，甚至那位被废的景帝，不管生前多么英明神武，死时都延续着这惨无人道的恶习！

短命家族，肇因遗传？

尚未到不惑之年的英宗究竟死于何病？官方史料没有明确答案。《明英宗实录》只简略地记载了他的病与死："天顺七年十二月辛丑，上不豫，不视朝。"第二年正月，这本枯燥乏味的宫廷档案连续大半个月，从乙卯到戊辰，无一例外几乎每天都流水账地记录着"上不视朝"，期间英宗病情偶有起色，但最终大渐而崩。

有一样神秘的发现让笔者觉得英宗的疾病也许带有某种家族遗传性，英宗父亲恰好也活了三十七岁；英宗同父异母弟景帝仅享年二十九岁；英宗之子宪宗朱见深不过享年四十岁；英宗之孙孝宗朱佑樘只活到三十五岁。这些人没有像后代世宗朱厚熜、神宗朱翊钧那样染有诸如服用仙丹、嗜酒成性的陋习,除了其中一个有"姐弟恋"外,行为大体上也不算荒诞;他们的过早离世,不得不让人联想起诸如恶性肿瘤(癌症)之类的带有遗传倾向的疾病。

饥不择食,祸随口入

贵为天子的英宗不幸两度成为囚徒,饮食生活等方面必然难以适应,甚至恶劣到无以复加的地步都有可能。虽然蒙古人给他不错的待遇,又是羊、又是牛地供应着饮食,可是塞外的粗犷烹饪方法岂是生长于深宫之内、锦衣玉食的英宗所能接受的?北京地区常有的米、麦主食,也是蒙古人不常有的,英宗娇嫩的肠胃无奈地整天与肉食、奶酪拼搏厮杀,实在是难为了。那时的他身为葬送了几十万明军的首要负责人,一定后悔没有刎颈或切腹自我了断!

好不容易熬了一年,英宗终于归国,但随即被景帝送入南宫,开始了长达七年的幽禁生活。七年间,英宗未能踏出南宫半步,名为太上皇,实为囚徒。景帝为了确保自己的帝位,防止英宗复位,对他严加看管,南宫大门常年紧闭,日常饮食、衣物都是从一个小窗户递送进去。有个太监说南宫树木多,恐怕会有人越过高墙与英宗联系,景帝竟命人将大树砍伐干净。英宗的伙食不是很好,他的钱皇后不得不做些针线活,以便出售换取必要的食物,有时还要靠娘家贴补一些。

《明会要》记载了一个故事:某日,英宗想喝点小酒,吃顿好饭,但光禄寺的官员们就是不给,该寺的小吏张泽却认为英宗并非历史上晋怀帝、愍帝和宋徽宗、钦宗之流的昏君,说不定时来运转,将来有重新登位的机会,于是,他偷偷地弄来酒食献给英宗。后来英宗果然复辟成功,"光禄寺官皆得罪,即日拜泽为光禄卿","风物长宜放眼量"啊!区区小吏不失为颇有历史感的人。由此可见,英宗的待遇是何其之差。某些不怀好意的官员很可能为了讨好当权的景帝,随意把一些冷肉菜汁、残羹剩饭作为英宗饥不择食的伙食。这样的东西不卫生尚且不说,食物发霉会产生致癌的黄曲霉素,为了果腹活命的英宗,被动适应来自异域难以消化的食材,还悲惨地摄入了不少看守官员送来的致癌物,都为日后早逝种下了祸根。

提心吊胆,郁郁寡欢

后半辈子整整十六年,英宗的心情可能都是抑郁的。他是一位仁慈的皇帝,彻底释放了被明成祖朱棣囚禁大半生的建文帝之子,一时被誉为德政;一个没有雄才大略、没有凌云壮志、一辈子被外敌、太监、政敌、下属任意摆布的男人,对陪葬宫女和祖先死敌的后代都可以产生无限怜悯之情,英宗应是感情细腻,甚至多愁善感的。

那些天寒地冻、举目无亲的日夜,大漠之边的他有多么恐惧、孤独、痛苦、羞愧、忧虑和自责,沉重的心理负担如泰山般压在毫无社会经验的年轻人肩上;而此刻紫禁城的钱皇后早就哭成泪人儿,过度劳累、粗陋饮食、冰冷地面、严寒冬季不断侵袭着她的身体,她的腿因不慎跌倒受了重伤致残,她的眼睛因昼夜不停悲泣而哭瞎。千辛万苦地回到北京城,看到病体支离的妻子,事业和亲情两方面都备受打击的英宗该做何感想?

接着,提心吊胆、度日如年的日子又开始了。蒙古敌人尚且礼遇他,自己的亲弟弟居然把他当成洪水猛兽,愤懑、不解、怨恨、压抑和忧愁整整困扰了他七年,终于守得云开见月明,重新登基称帝了。可是唯一的弟弟——废帝郕戾王死了,连病带气凄凉地草草离他而去,带着有史以来最恶劣的谥号"戾"字。无可否认在某种程度上,是他亲手把弟弟推下绝壁,而郕王对祖宗的江山社稷毕竟有所贡献,接下来的八年中,心虚的英宗又陷入了惶恐不安和深深内疚中,担心郕王的鬼魂索命,担心九泉之下祖先的责难。

对于癌症的病因,过去人们普遍重视的是物理化学因素、慢性感染或遗传因素等,却往往忽视了个性和情绪等心理、社会因素的影响。实际上,恶性精神刺激与癌症的关系,早已引起研究者的注意。据调查和统计,约80％的癌症患者在患病前曾遭受负面生活事件的打击,如配偶死亡、夫妻不和、工作不顺或

事业受挫等；中国食道癌普查中发现，69％患者个性暴躁、情绪
不稳定。坏情绪为什么会诱发癌症呢？因为情绪不好时，肾上
腺皮质激素会分泌过度，这种激素过量进入血液后，会损害或
降低人体免疫功能，导致正常细胞的癌变；情绪好时，大脑中枢
会分泌一种叫"脑啡肽"的物质，此物质能启动免疫系统功能，
抑制癌细胞生长。连续十多年被负面情绪包围的英宗，其罹患
癌症的几率显然是很高的。

腹部绝症，药石罔效

如果英宗真的患癌症而死，又是哪个器官的癌症呢？传
说英宗晚年得了"石水病"。民间传闻虽无法证实，但可供参
考。按照中医的说法，石水是指因阳虚、阴寒水邪凝结下焦而
致的水肿病，多表现为腹部坠胀，硬满如石状或胁下胀痛、身
肿、脉沉。《金匮要略·水气病脉证并治》认为"石水，其脉自
沉，外证腹满不喘"。《医门法律·胀病论》则认为"凡有症
瘕积块痞块，即是胀病之根，日积月累，腹大如箕，腹大如瓮，
是名单腹胀。……仲景所谓石水者，正指此也"。倘若传说属
实，从西医角度看，英宗患有腹水的可能性很大。腹水是指人
体的体液因各种原因过量聚积在肚皮与内脏之间的腹腔间隙
内，造成大腹便便；严重者必须进行腹腔穿刺抽取液体，才能
缓解症状，并根据液体化验辅助诊断；轻者使用药物促进排尿

可暂时缓解。

　　腹水的病因是多种多样的。首先，慢性肾脏疾病，比如肾病综合征能引起大量腹水，但病情较长，除非合并严重感染或急性肾衰竭，否则不会迅速致死，而且肾病患者"胁下胀痛"不多见。英宗从出现明显症状以至离岗休养到最后病死，前后一个月左右，进展太快了。其次，古代常见的结核传染导致结核性腹膜炎也会引起腹水，但病情较长，除非合并严重全身器官功能衰竭，否则也不会迅速致死。再次，慢性心脏衰竭也能导致腹水，但是病情仍然较长，且以双下肢浮肿为主，除非患有先天性心脏病或风湿性心脏病，否则这么年轻就出现心脏衰竭比较少见（冠心病年轻化也是近几十年的事情）。从画像上看，英宗晚年长得胖墩墩的，与先天性心脏病和风湿性心脏病患者瘦削、青紫的外形完全不符，而病情严重的往往来不及生成腹水就心脏停搏，死亡了，因此心脏病基本上也被排除。经过一轮筛选之后，笔者觉得英宗患肝病腹水的可能性最大。这类疾病十分常见，其病因细分有肝炎肝硬化、肝癌合并肝硬化、胰腺癌肝转移等，最后的归宿都一样——肝功能衰竭以至于全身多器官衰竭死亡，但在腹水大量涌现之前，病人大多尚能自由下床活动。

　　综合分析，英宗最可能得的是胰腺癌肝转移。第一，他有可疑的家族病史，父亲和他一样是肥胖体型（流传后世的画像作证）且同龄死去，符合癌症的遗传易得规律，而胰腺癌（pancreatic carcinoma）又确实钟情于肥胖者，最著名的患者莫过于意大利男高音歌唱家帕瓦罗蒂（Luciano Pavarotti）；第二，他长期处于恶性情绪的煎熬之中，沾染了癌症的易患因素；第三，他曾被迫与不良饮食习惯或污染食物打交道，对癌症的引发产生了助纣为虐的作用；第四，假如"石水病"是真的，那么"胁下胀痛"也是佐证，不管是肝癌还是胰腺癌，上腹部或者肋部疼痛都是很常见的；第五，单纯使用利尿消肿的方法，如中医类似的"活血祛瘀，化气利水"，对于普通的非癌症腹水，开始时是见效较快的，《明英宗实录》即记载英宗初次治疗后说："连日进药，疾以轻减，卿等安心理事。"但是癌症的腹水往往生长得极快，即使运用现代的腹腔穿刺天天抽液、放水也显得捉襟见肘，倒印证了英宗的病情迅速恶化而医治逐渐失效的事实。

《金匮要略讲稿》载："石水……其病最重，更难治。"可见在古代中国虽然没有"癌症"概念，但这个幽灵其实一直如影随形，大医碰到了也只能有心无力。

天不假年，仁心遗训

历史上可能真有那么一幕：英宗颓然躺在龙床上，放肆的癌细胞在他的肝脏不断种植、繁衍、蔓延、侵蚀，并渗出大量血腥的液体，把腹部撑得几乎都破了。肝脏功能的破坏，使得无数毒素在体内无法排出，致使脑、肺和心的功能急转直下，英宗的思维能力也衰退了，甚至凝血功能都慢慢丧失了。在全身器官崩溃的边缘，仁爱的英宗弥留时竟还发出了最后的声音："……殉葬非古礼，仁者所不忍，众妃不要殉葬……" 他不是合格的政治家，但最后的遗训对得起庙号 "英" 字和谥号的 "睿" 字了。

人生在世，不如意之事十有八九，大起大落更在所难免。如果父母的遗传是无法选择的，如果癌症的先兆确实极难察觉，那么至少可以选择和发掘积极的心态及心情。培养开朗的情绪，学会在紧张的生活节奏中放松自己，在恶性精神因素的刺激下解脱自己，不要让大起大落的境况影响心情起伏不定，这些都是远离癌症的要领。即使心怀悲伤，身处逆境，无论后面还有多少苦难在等待着，都要保持乐观，以微笑的方式一路前行。试看一贬再贬、颠沛流离、饱受排挤的大文豪苏轼，不但活到了六十四岁，而且留下了一大堆豁达的作品，流芳百世，展示出强大的生命力。假使明英宗朱祁镇可以学到，或许能颐养天年，从而施行更多仁政，造福百姓。

远离病榻

　　癌症多数是在无声无息中吞噬生命的，当发现时，往往为时已晚。有下列情况的人士应提高警惕有无胰腺癌：

　　一、皮肤、眼睛发黄。

　　二、无法解释的体重下降超过10%。

　　三、反复出现的、不能解释的上腹或腰背部疼痛。

　　防癌比治癌更为重要，要从生活、饮食习惯着手预防胰腺癌，例如养成良好的习惯，戒烟、限酒，不要吃过多咸而辣的食物，不吃过热、过冷、过期、变质及被污染的食物，保持劳逸结合，不要过度疲劳。最后不要忘了最容易忽略的地方——养成乐观、积极的心态，哪怕是个意志再坚强的人。

第四章

龙体不敌菌虫作祟

虫魅菌魔蝼蚁渺，
群攻堪比妖狂。
天花横肆逼仓皇。
客崩咎毒痢，
遗恨北原苍。

疟疾无情冰上火，
血吸遗祸南江。
王朝宗庙政弦张。
破伤风作浪，
青史一行行。

折鞭孤城

——箭伤殒命的元宪宗

历代帝王病历表

病历号码：EMAD1209016

病人基本资料：

姓　　名：	孛儿只斤·蒙哥	身　份：	元宪宗
享　　年：	50 岁	民　族：	蒙古族
生活区域：	中国北方	生活年代：	公元 1209 年—1259 年
病史摘要：	受战伤后迁延不治		

一二五九年夏天，湖北武昌一带艰难抵抗蒙古军猛烈进攻的南宋军民，突然收到天大的喜讯：正面敌军突然北撤！

指挥这一路蒙军的是忽必烈，当时蒙古大汗蒙哥的弟弟，他的弃城而退、功亏一篑，使南宋奸臣贾似道以此邀功，并大肆宣扬蒙军的一败涂地和不堪一击。然而，时人不知这场旷日持久的残酷战争得以戛然而止、南宋朝廷得以苟延残喘，并非有赖于贾似道之流的指挥有方和能征惯战，实在是运气使然，这运气就在千里之外的重庆合川钓鱼城下。

一年前，蒙古帝国大汗、后来元朝追赠庙号"元宪宗"的蒙哥，稳定了中国北方之后，决定兵分三路，大举南侵，他亲自率领主力四万人马直取四川，其弟忽必烈和大将兀良哈台分别率领另两路大举进攻南宋。

各路蒙军一开始所向披靡，南宋眼看就要步金国和西夏灭亡的后尘了，但让人万万没想到的是蒙哥在天府之国的腹地攻击受挫，最后竟暴死在名不见经传的孤城之下。遭逢这一沉重噩耗同时是难得机遇的忽必烈，立即停止南侵步伐，匆忙回师争夺蒙古汗位，岌岌可危的南宋则绝处逢生。

是什么阻击了蒙哥麾下强悍无比的蒙古铁骑？是什么终结了这位盛年大汗的生命？如果是金庸迷，肯定对《神雕侠侣》里杨过在襄阳城下射杀蒙哥的一幕难以忘怀，但历史果真如此吗？

攻城无功，命丧四川

蒙哥是元太祖成吉思汗之孙、拖雷长子，平素沉默寡言，不好侈靡，最大的乐趣是效法祖辈开疆拓土。早在一二五一年即位时，就确立了统一中原的军事计划，逐步制订了以四川为据点的战略方针，主要致力于攻灭南宋、大理等国，并派遣猛将西征西亚。他的祖父、父亲在小说《射雕英雄传》里都是驰骋大漠的英雄豪杰，基本符合历史事实；然而，蒙哥在金庸笔下就没那么幸运了。

文学创作和真实历史之间毕竟存在差距。关于蒙哥之死，可以确定的是并非亡于襄阳之战，而是在四川战役中神秘死亡。

当初，蒙哥指挥劲旅入川作战，初期战局发展十分顺利，宋军望风披靡，成都、彭州、汉州、怀安、绵州等地相继失陷，不到一年时间，蒙军几乎占领了整个四川。一二五八年底，蒙哥大军沿嘉陵江到达合州。合州背后就是重庆，再往东就是一马平川的长江中下游地区。蒙哥、忽必烈兄弟二人的会师指日可待，此刻历史把目光锁定了合州重镇——钓鱼城。

钓鱼城位于嘉陵江南岸的钓鱼山上，城墙雄伟坚固，又有嘉陵江、涪江、渠江三面环绕，一望而知，此乃兵家雄关。早在十六年前，南宋军民就开始在四川的主要江河沿岸及交通要道上，选择险峻的山隘筑城结寨，各处城池、碉堡星罗棋布，互为声援，构成了完整的战略防御体系。钓鱼城正是山城防御体系的核心，外城筑在悬崖峭壁之上，城内不仅有充足的粮食储备，还有大片田地和四季不绝的丰富水源，使宋军可以凭借天险，长期据守。四川大片土地沦陷后，各地军民陆续东逃到合州集结，拥有十几万军民的钓鱼城遂成为阻挡蒙古大军的最后屏障。

蒙哥踌躇满志，对钓鱼城投去轻蔑的一瞥，下达攻击命令的一刹那，他不知祖辈的辉煌会在这次看似轻易的征战中走向黯淡，蒙古大汗的荣耀将结束在一块弹丸之地上。一二五九年初，随着炮声隆隆，飞箭如蝗，蒙军无数次潮涌般扑向钓鱼城；但宋军拼死抵抗，城坚山险，蒙军一次次被迫退兵。从二月到六月，激战连绵，双方死伤惨重，蒙军伤亡更是日甚一日，蒙军大将汪德臣、董文蔚相继阵亡，而钓鱼城仍岿然不动。时间一天天过去，蒙哥的恼怒和焦躁也与日俱增，不断催促部队狂攻，但除了更多尸体之外，一无所获。

自负骄横的蒙哥誓不罢休，舍弃蒙军骑兵的天然优势，不顾天气炎热、疫病流行，也不顾师劳兵疲，孤注一掷地把怒火喷向钓鱼城；而守城的南宋军民抱着必死的信念，愈战愈勇。

到了八月，奇迹发生了。蒙军居然逐步退却，随后留下三千人马牵制、监视钓鱼城之外，主力没有绕城继续南下，而是有计划地回师北撤，南宋军民很快便得到比捷报更兴奋、更意外的消息：蒙哥死了！

历史悬案，扑朔迷离

蒙哥之死是个历史悬案。《元史·本纪第三·宪宗》记载："夏四月丙子,大雷雨凡二十日。乙未,攻护国门……五月,屡攻不克。六月丁巳……王坚率兵来战。迟明,遇雨,梯折,后军不克进而止。是月,帝不豫。秋七月……癸亥,帝崩于钓鱼山,寿五十有二,在位九年。"《元史》是明朝人根据元朝宫廷档案《宪宗实录》编撰,改朝换代,无需讳言,但也找不到更详细、可信的资料,可见早在元朝时期,官方就有意地隐瞒蒙哥的真实死因。

民间的说法五花八门,有的说是气急败坏,恼愤而死;有的说是感染瘟疫,暴病而死;更有的说是战船被凿,溺水而死等,这些说法散见于宋朝以来的各种笔记和野史,也见载于中亚一些史官的记述。虽然都有一定的合理性,无法完全推翻,但记录者缺乏严谨的考证,总让人有道听途说之感;流传最广、影响最深的说法是蒙哥中箭身亡或炮击殒命,笔者归纳为受伤而死。

《宪宗实录》编者名为耶律铸,忽必烈的修史负责人,此人当年曾随蒙哥入侵川蜀,率领禁卫军保护蒙哥,蒙哥死时,他就在其身边,蒙哥如何死的,他应该清清楚楚。忽必烈时代,他颇受重用,也享尽荣华富贵,应是受到皇帝的暗示或深明编写史书的潜规则,在这份档案中,聪明地把蒙哥之死因做了模棱两可的技术处理,虽得到当权者的首肯,但终致使真相石沉大海。

耶律铸曾写过一首题为《叙实录·四十韵》的七言长诗,诗篇用文学的语言记录了蒙哥伐宋入蜀的全部经过,诗末遮遮掩掩地说"持拔龙髯坠尘劫"。之前描绘得耀武扬威、不可一世,结尾急转直下，事故的突然性表露无遗，且"坠"、"劫"这样凶险的词语都用上了，笔者认为耶律铸是暗示蒙哥意外受伤，为蒙哥受伤而死的说法提供了佐证。

关于为炮击所伤而亡一说，有文献记录。清代《古今图书集成》中《钓鱼城记》说，蒙哥在架设望楼窥视钓鱼城时，遭到城内宋军的炮石轰击，为"炮风所震，因成疾，班师过金剑山温汤峡而殂"，民国时期的《合川县志》也有相同记载。

至于中箭所伤而亡一说，更不是无中生有，翦伯赞《中国史纲要》和叙利亚人编撰的《世界史节本》等均沿袭此说。四川合江钓鱼城旧址的忠义祠内，有一块纪念南宋守将王坚、张钰的《新建王张二公祠堂记》石碑，碑文提到蒙哥乃"中飞矢而死"。钓鱼城保卫战结束后，宋朝词人刘克庄欣喜不已，感慨写道："吠南初谓予堪侮，折北俄闻彼不支。挞览果歼强弩下，鬼章有入槛车时。"里面的"挞览"原指宋辽大战时，中弩箭阵亡的辽国大将萧挞览，此处代指蒙哥。看来蒙哥中箭而死在当时很快就广为流传了，刘克庄对此说深信不疑。直到当代，金庸的创作也深受该说的影响。

宋蒙决战时，火器已派上用场，不过冷兵器还是主角。蒙哥勇猛彪悍，继承祖辈的传统，或身先士卒或火线指挥，都是完全可能的，这种情况下不慎受伤，合情合理；但作为当时蒙古帝国首领，这样受伤而死显得有点窝囊，且灭蒙古威风，长宋人志气。后来的元世祖忽必烈当然极不愿意兄长在历史上留下这样一笔，因此，官员便心领神会地完成了宫廷档案的修饰掩盖。不过，耶律铸记录蒙哥从"不豫"到驾崩前后历时两个月，证明并非伤及要害立即阵亡，是伤后休养一段时间，医治无效而死。

蒙哥到底是如何重伤不治呢？

复仇之菌，死神使者

中国古代战争，战场上多以拳脚、刀枪、箭戟取胜，治疗上当然以金创折疡为主。宋代以后，随着火器发展，原始的火炮开始用于战争，其杀伤力更为强大。无论是受箭弩之伤，还是为炮石所击，蒙哥无疑都中了战伤，不得不让这位枭雄黯然离开前线。也许他仍想着伤口愈合后，一定要卷土重来，报仇雪恨。但事情没有那么简单。在当时的条件下，也许止住出血并不困难，但止住出血并不代表痊愈，更不代表脱离险境。中国古代的军事医学发展一直远远落后于当时的实际需要，但元朝人似乎对此很有一套。《元史》中记载某些将领中箭及炮，伤势严重，军医通过剖牛腹将其置热血中而救活；又有大将身中十八矢，"得血竭饮之而生"。《蒙古秘史》等文献还记载用烧红的铁去烙伤口来止血，用蒸汽或牛、羊的胃内反刍物热敷的活血方法治疗内伤等，其中有些方法有科学的因素，有些则比较荒诞，带有巫医色彩。蒙哥受伤时接受的治疗可能并不高明，也许就是敷用一般金创常用药罢了。

从他受伤到死亡的时间来看，一没有被击中重要器官而立即丧命，二没有被打中重要血管而导致大量失血、休克而死，因此，最大的可能性就是伤口感染细菌，也就是得了战伤的严重并发症而迁延不愈，逐渐走向死亡。

有种很可怕的战伤并发症，叫做破伤风（tetanus），曾让人闻之色变。据统计，直到二十世纪五十年代，破伤风的病死率仍高达20%—40%。在没有免疫措施的年代，战时破伤风的发生率是很高的，如第一次世界大战初期，破伤风发生率占伤员总数1%—3.8%；战争后期，由于普遍使用破伤风抗毒素血清进行被动免疫预防，破伤风发生率才降到0.04%—0.14%。可以想见，八百多年前的宋、元时代，战争导致的破伤风发生率肯定居高不下，而引起破伤风的细菌却是不长眼、不认人的，不管是无名小卒还是大将元帅，皇帝陛下也照害不误，它给躯体带来暴风骤雨般的伤害，令其他细菌望尘莫及。

破伤风梭菌（clostridium tetani）是引起破伤风的元凶，其大量存在于人和动物肠道中，由粪便污染土壤，经伤口感染引起疾病，属于厌氧菌。破伤风梭菌在一般表浅伤口中不能生长，伤口的厌氧环境是它感染的重要条件。窄而深的伤口（如刺伤、箭伤，内有金属和木料碎屑、泥土或其他异物污染），或大面积的创伤、烧伤等，坏死组织多，引流不畅，局部缺血，均易造成厌氧环境,非常利于破伤风梭菌的生长,这些侵入伤口的细菌在特殊环境中大量生长繁殖,并产生痉挛毒素和溶血毒素,从而引起发病,甚至死亡。

痉挛毒素是引起症状的主要毒素,对神经有特殊亲和力,能引发特征性全身横纹肌紧张性收缩或阵发性痉挛。患者先有乏力、头晕、头痛、烦躁不安、打呵欠等前驱症状,接着出现典型肌肉强烈收缩,开始时感到咀嚼不便,张口困难,随后牙关紧闭。面部表情肌群呈阵发性痉挛,使患者具有独特的"苦笑"表情;颈项肌痉挛时,出现颈项强直;背肌收缩力强,可致腰部前凸,头及足后屈,形成背弓,呈"角弓反张"状而持续紧张收缩。此时,任何轻微的刺激,如光线、声响、震动或触碰患者身体,均能诱发全身肌群的痉挛和抽搐。每次发作持续数秒至数分钟,患者面色紫绀、呼吸急促、口吐白沫、流涎、磨牙、头频频后仰、四肢抽搐不止、全身大汗淋漓,极为痛苦。发作的间歇期,虽疼痛稍减,但肌肉仍不能完全松弛,强烈、持续的呼吸肌群和膈肌痉挛,可以造成呼吸停止,最终导致窒息丧命。

至于溶血毒素能加重局部组织的坏死和诱发心肌损伤,这些损害无疑更进一步把患者推向死神的怀抱。

其实,中国的古代先民对破伤风早有所闻。西汉时期出了一本《金创瘈疭方》医书,其中就有对破伤风病症的记载。"金创"亦称"金疮",指为疾刃所伤,即金属利器所致开放性损伤;

"瘛瘲"是症状名,病状手足痉挛,即肌张力增高、肌紧张、抽搐等。该书专门阐述开放性损伤、伤后出现肌肉痉挛抽搐的并发症及其治疗,是对破伤风较早的认识,可惜书已亡佚,无传于后世。

蔺道人在唐代会昌年间写出了《理伤续断方》,创用了"破伤风"病名,该病名从此被确定下来。古人固然无法知晓它的发病原因,只能用"损伤之处中于风邪"来解释,但已经意识到了这种疾病的危险性,"已中破伤风,恐不得活"、"不及时救者,皆死"。其实我们的祖先不是坐以待毙,他们在与破伤风搏斗中不断探索,研发出不少实用方剂,自唐、宋以后,中医更是逐渐发展,形成了该病的辨证论治方法。

不知蒙哥大汗的军中是否配备有经验的军医,不过在没有了解破伤风梭菌致病规律的前提下,所有的做法都不是万全之策。蒙哥受伤了,带着破伤风梭菌的弩箭头或是泥沙石,也带着南宋军民的视死如归和刻骨仇恨,狠狠地嵌入了他的肌体,周围的侍卫和军医顿时大惊失色、手忙脚乱。

蒙哥对于受伤一事,刚开始也像对钓鱼城那样嗤之以鼻,把它当作军人的勋章而已,经过简单包扎,喷涌的鲜血被止住了,躺在行军床上的蒙哥一如既往地构思着下一步行动计划。然而,事情远没有那么简单,过了一周左右(破伤风的平均潜伏期),韬光养晦、蓄势待发的破伤风梭菌已准备完毕,积攒了足够的威力,把自身的毒素如同钓鱼城上的无数利箭,毫不留情地向敌人倾泻而出。不久,脸色青紫的蒙哥就在"苦笑"、全身抽搐、"角弓反张"的折磨中痛不欲生,直至呼吸衰竭。

一颗充满征服欲望的野心终于停止了跳动,一个充满血腥和野性的身躯终于停止了剧烈而痛苦地扭曲,只有一双死不瞑目的怒眼依旧死盯着不远处旌旗招展的钓鱼城……

破伤风梭菌仿佛是同仇敌忾的南宋军民无意中制造的必杀暗器。

"上帝之鞭",青史留名

"要让青草覆盖的地方都成为我们的牧马之地。"成吉思汗这句豪言肯定令爱孙蒙哥热血沸腾。空前辽阔的疆域、空前巨大的财富、空前强大的军队更激发着空前蓬勃的征服欲望,使他的精锐铁骑如同出鞘的利剑,随时准备出击。被誉为"上帝之鞭"的蒙哥,却出人意料地在"上帝折鞭处"——钓鱼城命丧黄泉,随着他的死,蒙古帝国的征服巨浪迅速退潮:率东路军包围鄂州(今武昌)的忽必烈、从云南经广西北上进至潭州(今长沙)的兀良哈台相继退军;远征西亚的主将听到大汗的死讯,也率主力东返,蒙军最终没能越过尼罗河、多瑙河,只能暂时驻马长江北岸。

随后,蒙古帝国内部开始分裂,经过一轮动荡和厮杀后,忽必烈得以上台，但失去了对中亚、西亚等汗国的控制，实际统治区域仅限于现今的中国和蒙古国。

南宋在惶恐不安和勾心斗角中，又存活了二十年，直到一二七九年，宋、蒙两军在广东新会的崖山海面展开最后决战，南宋全军覆没，大臣背着可怜的小皇帝蹈海殉国，南宋的历史才画上了句号。"新会"这个地名因此永存青史。

如果蒙哥真的被破伤风梭菌感染而毙命，那么这些看似微不足道的小生命，的的确确改写了我们的历史。

远离病榻

为避免破伤风的发生，凡开放性伤口均须进行早期、彻底的清创处理；此外，可以用3％过氧化氢溶液冲洗伤口，同时保持伤口的引流通畅；已愈合的伤口，如有异物或炎性肿块者，仍应切开处理。

患者伤后应及早肌肉注射破伤风抗毒素，创伤严重者，一周后可重复肌肉注射一次，这是被动免疫法；而主动免疫法最为可靠，在受伤之前，接受者分三次皮下注射破伤风类毒素，每次0.5—1毫升，间隔为6—8周，以后每年再强化注射一次效果更佳。

历代帝王病历表
病历号码：EMAD1320017

病人基本资料：

姓　　名：孛儿只斤·妥懽帖睦尔　　身　　份：元顺帝

享　　年：50 岁　　民　　族：蒙古族

生活区域：北京　　生活年代：公元 1320 年—1370 年

病史摘要：腹泻不止而死

　　元顺帝是元朝末代皇帝，登基之时，统一中国不过六十多年的元朝已江河日下。蒙元贵族内部倾轧不已，政局动荡，社会经济急遽衰退，日益激化的民族矛盾和阶级矛盾，更把帝国的命运推向了悬崖绝壁。元顺帝虽然较之前的元代帝王对汉文化有更深的了解，也熟悉宫廷的尔虞我诈，但治国无方、贪图享乐，史载其"怠于政事，荒于游宴"，大大加速了元朝腐败统治的垮台。明朝人认为他的败亡属于"知顺天命，退避而去"，赠予"顺帝"的谥号；不过当时的蒙元残余势力一直拒绝承认，而以"元惠宗"的庙号称之。

民心丧尽，狼奔豕突

一三五一年（元至正十一年），以红巾军为代表的反元起义爆发了。当时蒙军早已丧失了数十年前横扫华北和西亚的雄风，蜕化成了中看不中用的空壳子，蒙元统治者也泯灭了先辈强悍善战、开拓进取的本性，变得战战兢兢、畏首缩尾，而元朝的黑暗统治更是让百姓恨之入骨，因此元朝势力很快被赶回中国北方。南方地区不久成了起义军的囊中物和各方豪强你争我夺的盘中飧。随后的战争中，贫农出身的朱元璋脱颖而出，最终削平群雄，于一三六八年在南京建立大明政权，紧接着便展开了中国历史上少有成功的北伐统一战争。

此时的元朝，民心丧尽，自身也混乱到毫无招架之功、还手之力的地步，数月之间，山东、河南、河北等大片土地相继丢失。朱元璋麾下第一大将徐达率领的明军势如破竹，顺利将元朝的政治中心——大都（今北京地区）置于唾手可得的境地，不久大都的东南门户通州被攻陷，京城除了自身城防外，再也无险可守。虽然元朝尚有左丞相扩廓帖木儿（王保保）等将领拥兵数十万，但他们要么远水救不了近火，要么冷眼旁观、私心自保，总之，蒙元大势已去矣！

元顺帝深知在没有援军的情况下，固守大都无异于束手就擒，不禁叹息道："今日岂可复作徽、钦？"于是，自认比掳于金人之手的宋徽宗、宋钦宗更明智的元顺帝率领皇后、皇子、妃子和大臣等百余人，主动放弃京城，北逃上都（今内蒙古正蓝旗附近）。《元史·本纪第四十七·顺帝十》记载：当时大臣"恸哭谏曰：'天下者，世祖之天下，陛下当以死守，奈何弃之！臣等愿率军民及诸怯薛歹出城拒战，愿陛下固守京城。'卒不听。至夜半，开健德门北奔。八月庚午，大明兵入京城，国亡。"

自元太祖成吉思汗开国，至元顺帝北奔，前后共一百六十二年；从元世祖忽必烈统一中国到大元帝国彻底崩溃，只不过八十九年。一个游牧民族入主中原不足百年，失败后重新回到祖先故地，继续他们的国祚，开始了历史上短命的"北元"政权。

曾经恢宏壮美、象征蒙元无比强大的帝国中心，当时世界上最繁华的"汗八里"，被马可·波罗称为"设计的精巧美观，简直非语言所能描述"的元大都，随着一小群人乘着夜色夺路出逃而永远换了主人。元顺帝的不战而遁，明太祖朱元璋认为他识时务、顺应天意，遂表彰了一个"顺帝"的名号，虽然比"违命侯"、"昏德公"之类的不堪爵号好听不少，却也充斥着不屑的嘲讽。

躲在上都残垣断壁里的元顺帝，曾发起过几次反击，试图夺回大都，但均以惨败告终；随后，明军乘胜追击，元顺帝连上都也保不住了，被迫迁都到应昌（今内蒙古克什克腾旗西北）。一三七〇年，"四月丙戌，帝因痢疾殂于应昌，寿五十一，在位三十六年"。惶惶不可终日、屡战屡败的元顺帝这回终于可以歇一歇了。

朱元璋、徐达、常遇春没能致元顺帝于死地，这位一代天骄的后裔没有死在敌人手上，也没有在战场上壮烈殉国，他的后人获得喘息之后，竟然一度卷土重来，对明朝的北部边疆构成强有力的挑战和威胁。《明史·兵志》："终明之世，边防甚重。"这边防主要是为了防御蒙古的势力。死于痢疾或许是元顺帝最体面的结局，而痢疾究竟是什么病呢？

追根溯源，卒于痢疾

痢疾，古代中医亦称"肠游"、"滞下"等，含有肠腑"闭滞不利"的意思。医家认为痢疾是因外感时行疫毒，内伤饮食而致邪蕴肠腑，气血壅滞，传导失司，以腹泻和排红白脓血便等为主要临床表现的外感疾病。汉代《金匮要略·呕吐哕下利病脉证治》将此病与泄泻合称"下痢"。隋代《诸病源候论》记载有"赤白痢"、"血痢"、"脓血痢"、"热痢"等二十余种痢症,对此病的症状、病因和病机已有较深刻的认识。宋代《严氏济生方》正式启用"痢疾"之病名,"今之所谓痢疾者,古所谓滞下是也",一直沿用至今。中医所说的痢疾既包括现代西医的细菌性痢疾(bacillary dysentery),也包括阿米巴痢疾、溃疡性结肠炎、过敏性结肠炎及其他肠道感染、中毒等引致的肠道功能失调疾病。

从发病概率来看,元顺帝得细菌性痢疾(菌痢)的可能性最大。由痢疾杆菌引起的肠道传染病,好发于夏、秋季,临床主要表现为发热、腹痛、腹泻、里急后重(反复有便意,但每次排便不多)和排黏液脓血便,严重者会发生感染性休克或中毒性脑病。痢疾杆菌在外界环境的生存力较强,在瓜果、蔬菜及污染物上可生存一到两周,菌痢病人及带菌者是该病的传染源。痢疾杆菌随病人粪便排出,直接或透过苍蝇污染食物、生活用品或手,再经口入,使人感染;而地震、战争、洪水等因素也可致水源污染,爆发流行。该病全年均可发生,但有明显季节性,夏、秋季节有利于苍蝇滋生及细菌繁殖,而且人们喜食生冷食物,因此夏、秋季多发。

痢疾杆菌经口进入消化道后,并非必然发病,得取决于吸入细菌者的自身抵抗力强弱和细菌数量、入侵强度。抵抗力较强的健康人,大部分细菌会被胃酸杀灭,即使有少量未被杀灭的病菌进入肠道，正常肠道菌群的拮抗作用也能抵抗；当人体全身或局部抵抗力下降时，如患有慢性疾病（特别是消化系统疾病）、过度疲劳、营养缺乏和暴饮暴食等，即使感染少量病菌也容易发病。

痢疾杆菌怎样伤害人体呢？这种细菌侵入肠（主要是结肠）黏膜上皮细胞后，先在上皮细胞内繁殖，然后往肠壁下一层逐步侵蚀，并进一步繁殖。在其产生的毒素作用下，肠壁迅速出现炎症反应，肠上皮细胞坏死而形成溃疡，就是产生黏液脓血便的重要原因。毒素也会被吸收入血液，引起全身毒血症，患者因此出现发热、烦躁不安，甚至休克等表现。得病之后，如果治疗不及时，容易腹泻不止而导致大量失水、脱水，人体的有效血液循环因而被击垮，最终休克、衰竭而死。古代中医虽有"清热燥湿，调气行血"、"温化寒湿"、"清热解毒，凉血止痢"等丰富经验治疗痢疾，但在缺乏现代输液疗法和抗生素杀灭细菌的年代，痢疾的病死率还是比较高的。

作为草原上匆匆建立的流亡政府之首，元顺帝好歹也享有帝王之尊，为何会患上细菌性痢疾？

奔逃疫区，病从口入

尽管元顺帝是成吉思汗的子孙，但在亡国之前，他几乎没有在草原、大漠生活的经历。继位之前，居住过朝鲜，也滞留过广西；继位之后，长年累月在大都享受奢华人生，从来没有在祖先的龙兴之地生活过。他此番如丧家之犬般，被明军撵出大都，不得不仓皇地翻山越岭，北逃上都，其后又失去立足之地，再次北逃到大漠深处的应昌。居住环境的急遽变化，水土不服，肯定使元顺帝难以适应、苦不堪言，而痢疾对初次进入疫区、从未接触过痢疾杆菌的人是虎视眈眈的。

平素吃惯山珍海味、玉食珍馐，喝惯陈年佳酿、王家山水穿惯绫罗绸缎、华裾鹤氅的元顺帝，此时只能将就粗糙、简陋的生活。四时进献的各地蔬果没有了，蒙古草原有的是腥膻的牛、羊肉；精挑细选、层层把关的安全饮用水没有了，蒙古草原有的是粗酿的马奶酒与河边长着青苔的绿水。元顺帝娇弱的肠胃如何应付得了？患痢疾之前，很可能已出现了胃肠功能紊乱，消化器官处于衰弱、疲软的状态。

元顺帝死前两年，丢掉了祖宗的基业，抛弃了大元的宗庙社稷，背负着奇耻大辱，在燕山和蒙古草原上躲躲停停。他是元朝皇帝中接触中原文化最深的一个，难免产生"去国怀乡"的悲叹。虽然一心想重回中原，但此时明军兵锋正健，注定不能如愿；朝气蓬勃的明军锐不可挡。元顺帝时刻过着郁郁寡欢、愤恨幽怨、风声鹤唳的日子，再加上休憩条件一落千丈、自身困顿不堪，身体抵抗力必然大不如前，这种情况下，痢疾杆菌正好乘虚而入。

　　不慎让痢疾杆菌从口而入是患病的根本原因，与居住环境的卫生状况有密切关系。从锦衣玉食到颠沛流离，元顺帝经历了天堂到地狱的剧变，不知不觉中因接触污染物而感染痢疾杆菌也是意料之中。

　　当痢疾杆菌进入元顺帝的消化系统，继而定居在结肠、直肠时，惨剧开始发生了：贪婪的细菌拼命蚕食、破坏肠壁的黏膜和血管，使得肠壁变得坑坑洼洼、破烂不堪，还不断渗出恶臭的脓血，粪便甚至无法成形，元顺帝出现严重的腹部不适，不停地跑到茅厕出恭，初期排出一些烂便，随着便意的感觉愈来愈频繁，每次排出的烂便、水样便却愈来愈少，而混杂着红白脓液愈来愈多。体内的液体和必需电解质不断流失，元顺帝拉肚子到无力站立，甚至下蹲不稳。

　　透过破烂的血管壁，一边大搞破坏，一边恣意繁衍的痢疾杆菌入侵到循环系统，随之扩散至全身，损伤多个脏器，并引起中毒反应。元顺帝渐渐高热不退、神志不清……身边的御医手忙脚乱却束手无策，也许最有经验的医生仍留在汉地，没有追随前来。有些御医试图运用传统的蒙医疗法，熬成药汁喂元顺帝喝下；然而，奄奄一息的元顺帝连张开嘴巴的力气都没有了。

　　无人知晓元顺帝弥留之际到底在想什么，或许依旧心有不甘，仍挣扎着眺望南面的广阔土地；或许暗自庆幸，人毕竟有一死，结束生不如死的日子，不失为一种解脱。

走投无路，客死他乡

元曲作家马致远有一首名作《天净沙·秋思》："枯藤老树昏鸦，小桥流水人家，古道西风瘦马。夕阳西下，断肠人在天涯。"

当年的元顺帝大概也是这样，在残阳夕照的荒凉大漠上，牵着一匹瘦马，迎着凄苦的秋风，四下漂泊，愁肠绞断，却不知归宿在何方。

蠢蠢欲动的痢疾杆菌啃噬了元顺帝的肠子，最终毁灭了他的肉体。而作为元朝末代皇帝，他早就是一具残缺的、没有灵魂的行尸走肉了。

麻木不仁吞噬了元顺帝的灵魂。大元风雨飘摇之时，国家纲纪废弛，官吏贪蠹，财政窘迫，社会动荡，老百姓斩木为兵，揭竿为旗。此时的元顺帝仍沉湎于个人享乐，宁可为了女色专心致志地学"行房中运气之术"，也不理朝政；宁可别出心裁的自主设计船舶、制造宫漏等玩意儿，也不关心国计民生。曾经横扫中原、所向披靡的大元帝国，在人民的愤怒声讨中迅速土崩瓦解，沉寂为短命王朝。这位顺帝则狼狈逃窜，走投无路，沦为客死他乡的亡国之君。

元朝并非亡于元顺帝一人之手，关键在长期以来蒙元贵族的错误治国政策，如果换了个"天天向上"的帝王，也许国运会有所改变，至少老百姓的日子会好过一些。同样道理，细菌性痢疾害人,症结在痢疾杆菌的肆虐横行,如果患者注意卫生,并保持自身强大的抵抗力,那么不一定卧病在床,至少不至于搞得气息微弱,恹恹若绝。

远离病榻

为了预防菌痢，应做到以下几点：

一、做好环境卫生，加强厕所及粪便管理，消灭苍蝇滋生地。

二、加强饮食卫生及水源管理，尤其对个体及饮食摊贩做好卫生监督检查工作。对集体单位及托幼机构的厨师、保育人员应定期检查大便，做细菌培养。

三、加强卫生教育，人人做到饭前、便后洗手，不饮生水，不吃变质和腐烂食物，不吃疑被苍蝇沾过的食物。

四、不要暴饮暴食，以免胃肠道抵抗力降低。

五、控制传染源，隔离和治疗患者，隔离至消化道临床症状消失、粪便培养至两次阴性为止。

　　患者应以卧床休息为主，注意腹部保暖。饮食以流质或者半流质为主，忌食多渣、多油或刺激性食物，水果或雪糕等冰冷食品也应当禁食，以免加重胃肠道负担。还应注意及时补充水分，恢复期可按具体情况逐渐恢复正常饮食。

历代帝王病历表
病历号码：EMAD1491018

病人基本资料：

姓　名：	朱厚照	身　份：	明武宗
享　年：	30岁	民　族：	汉族
生活区域：	北京	生活年代：	公元1491年—1521年
病史摘要：	溺水后卧床不起		

　　"别人笑我太疯癫，我笑他人看不穿。不见五陵豪杰墓，无花无酒锄作田。"此乃唐寅广为流传的诗句。明朝中叶"江南四才子"之一的唐伯虎，以狂放不羁、玩世不恭闻名天下，甚至在电影中成为漫画式滑稽人物。生活在同一时代的那位明朝帝

王,性格与唐伯虎颇有几分相似,脱下龙袍,两人或许能成为知己;然而,他的贪杯、纵欲、好兵和荒诞却是一介小民唐寅所不敢奢望的。他便是以"游龙戏凤"著称的明武宗朱厚照——正德皇帝。

玩乐人生,行径荒唐

一五一四年(正德九年)元宵,象征后宫权力之巅的乾清宫失火,皇城赤焰冲天,内廷惊恐万分,已二十出头的朱厚照登高一望,笑嘻嘻地对左右说:"好一棚大烟火也!"

朱厚照一生似乎都在追求个性解放和人性解脱,终日嬉戏游乐,没有受到儒家文化的约束,毫无国君的社会责任感;由于缺乏有效的管理制度约束,他的行径充满着野性荒唐。他向往市井生活,在后宫搭起店铺,让太监、宫女扮成行人、顾客,自己演绎商家老板与之讨价还价,这叫玩角色。玩腻了,就改玩动物。北京西郊兴建的豹房是他最喜爱的游乐场和夜店,里面既有珍禽异兽,又有鸷鸟猛畜。有次,他与老虎亲密接触,竟差点命丧虎口。又玩腻了,便玩女人。他在宫中与有夫之妇,甚至有孕之妇打情骂俏;他也会夜闯民宅,强索民女,或是圣驾光临大牌妓院,与一代名妓把酒言欢,寻欢作乐。

一切都腻了,索性玩人命:将士之命和自己的天子之命。一五一七年(正德十二年),蒙古小王子寇边,本为抢夺生活物资，并无入侵大志，可朱厚照闻讯如获至宝，立即升堂点帐，任命自己为"总督军务威武大将军总兵官"，化名"朱寿"，举精兵六万讨伐，大有一试身手之兴，大有炮打蚊子之势。这场小规模的边境冲突中，明军以死亡五十二人、重伤五百六十三人的代价毙敌十六人。蒙军见明军使出杀鸡用牛刀的劲儿，再加上自身家底不厚，又无利可图，遂引兵退却，即明史上所谓的"应州大捷"。

朱厚照在此役中（如果也算战役规模的话）表现倒可圈可点，一洗曾祖父英宗在"土木堡之变"中被俘的耻辱。这位未受过训练的"总司令"与将士同吃同住，亲自排兵布阵，身先士卒，"乘舆几陷"，甚至在阵前手刃敌军一人，真可谓帝王罕有之举！明朝皇帝中好像只有他继承了太祖朱元璋、成祖朱棣的勇武之风，无怪乎死后庙号被称为"武宗"。

船覆人溺，乐极生悲

"武运长久"似乎是朱厚照晚年的梦想。他在北方的郊野和豹房中乐融融之时，一场蓄谋已久的叛乱在南方的江西爆发了。这次玩火者是一名藩王，叫朱宸濠。朱宸濠的知名度很低，但因这次失败的军事冒险，他的封号却从此家喻户晓，就是宁王。

有明一代，藩王造反共四起。第一起是燕王朱棣造侄子建文帝的反，最后艰难取胜；第二起是朱棣之子汉王朱高煦学老爸，造侄子明宣宗的反，结果兵败被废；最后两次都发生在正德朝，一次是安化王朱寘鐇之反，另一次就是宁王朱宸濠之乱。正德年间的两次风波虽然都因肇事者志大才疏、众叛亲离而迅速平息，但起事借口都指向朝政腐败，可见荒嬉的朱厚照负有不可推卸的责任。

宁王叛变的消息传到北京后，举朝大震，朱厚照的第一反应居然是大喜过望，他正苦思着巡游江南的借口，于是迅速召集兵马，御驾亲征，声称要亲自讨平叛乱。很没趣的是，宁王之乱很快被南赣巡抚王守仁干净利索地镇压下去，利令智昏的宁王也被一举捉获。

当时，朱厚照督军刚刚离京，事到如今已无南下必要，但为了一睹南方秀丽妩媚的湖光山色，他下令王守仁暂停北上献俘，自己继续"南征"。此时，喜新厌旧的朱厚照似乎又转移了注意力，暂时对军事失去了兴趣。

南方景色果然与北方有着天渊之别，没有空旷的原野，却有交错纵横的河网；没有伟岸的名山，却有星罗棋布的湖泊；白露为霜，蒹葭苍苍，鸟鸣幽林，鱼翔漫江。沉溺于新奇景致的朱厚照，决心当几回"孤舟蓑笠翁"，玩几回"渔家乐"。这一玩，就是十个月。

《明武宗实录卷》记载了他的大致行程：

　　正德十四年十一月，乙巳，至淮安清江浦……上巡幸
所至，捕得鱼鸟，以分赐左右……至是渔于清江浦者累日。
己未，上至宝应县，渔于范光湖。……

　　正德十五年闰八月，壬寅，上渔于江口。

　　正德十五年九月，庚申，上至宝应，复渔于范光湖。

　　乐不思蜀的朱厚照没料到的是，他的渔家乐却演变成一场
意外事故，间接导致了他生命的终结。这年九月丙寅，朱厚照再
次莅临清江浦，"自泛小舟渔于积水池，舟覆，溺焉。左右大恐，
争入水掖之而出，自是遂不豫"。被仓皇救起的朱厚照从此一
蹶不振，次年三月驾崩。

看似无恙，危机暗藏

　　英年早逝的朱厚照身上有着太多谜团，其中之一便是死
因。此人放纵酒色，身体很可能长期处于健康较差的状态而自
我感觉良好；而其不育也是众所周知的事实——他临幸无数，
却无子嗣。但不育症和健康较差都不是死亡的直接原因。

　　他自小好动厌静，户外活动应接不暇，又能在战斗中亲手
砍杀敌军，可见体格应属健壮，体力不错。南下巡游，兴致勃勃，
也看不出任何病状，倒显得精力旺盛。可见溺水之前，他不太像
长期患有严重的致命性疾病，但溺水为何会造成半年后匆匆离

世呢？

　　溺水是指大量液体被吸入肺内，引起人体缺氧窒息的危急病症。溺水者面色青紫肿胀，眼球结膜充血，口鼻内充满泡沫、泥沙等杂物；严重者四肢发凉，意识丧失，甚至因心跳、呼吸停止而死亡。既然朱厚照被迅速救起，随后并继续发号施令，就不可能是溺毙的，更何况是半年后才死亡。

　　会不会是吸入性肺炎导致的呢？吸入性肺炎是指吸入酸性物质、动物脂肪、胃内容物或其他刺激性液体和挥发性碳氢化合物后，引起的化学性肺炎。江河湖泊之水虽不清洁，但并非酸性物质，明代也不可能如现代有化学成分污染，因此这种疾病致死的可能性不大。

　　朱厚照溺水之后，病情时好时坏。一五二〇年（正德十五年）十二月，他下令押解宁王等俘虏北上回京，举行盛大的"献俘礼"，告慰祖宗并彰显军力。那天他穿着厚重金甲、骑着高头大马，并检阅六军、主持盛典①，看来身体状况似乎还不错；然而，病情很快出现恶化，朱厚照到底有何症状，史书为尊者讳，仅有"呕血"二字②。

　　如果朱厚照是因喝了湖中脏水导致细菌或病毒感染，很可能出现腹泻等症状，也许有而不书，但这类感染性消化系统疾病较少单独引起吐血，而且还是几个月后才出现吐血。

　　综合判断，朱厚照很可能在溺水后短期内出现过严重感冒，随着时间推移，新的严重疾病逐渐浮出水面，取感冒而代之，以致最终夺走年仅三十岁的生命。这种病应该和接触湖水有关，但史官不懂医学，在他们眼里自从事故发生后，皇帝就处于"圣躬违和"的状态，从来没完全康复。

健康淘空，无奈虫何

经过深思熟虑，笔者大胆推测明武宗朱厚照可能死于血吸虫病（schistosomiasis）。提起血吸虫病，自然会想起生活在长江流域那些患者，个个骨瘦如柴，挺着大如鼓的肚子，有些人甚至发育畸形。这正是血吸虫惹出来的弥天大祸，且是属于晚期的血吸虫病。此时患者的肝脏长期被虫卵寄生，引起严重的肝纤维化，甚至形成腹水，最后形成这令人怵目惊心之状。

血吸虫病有急性期和慢性期之分。血吸虫的成虫寄生于人体内并大量产卵，虫卵随粪便排出；在适宜的温度下，幼虫（毛蚴）破壳而出，并寻找机会钻入钉螺[3]，慢慢发育成具感染性的童虫（尾蚴）。当人或动物下水时，尾蚴便经皮肤、黏膜侵入人体血管，分布全身，再长成为成虫。非疫区的人群和动物对之特别易感，多在感染后两周至三个月内发病，常出现发热、腹痛、排脓血便等，肺部受到感染时会出现咯血，为急性期；急性期过后开始不时发作的腹痛、脓血便、疲乏、衰弱等症状的慢性期。

病情在两期之中可轻可重,根据入侵的虫量和病人的免疫力而异。虽然早期症状不一定很严重,但治疗不当会使病情逐步加重;至晚期者多为严重疫区内屡受感染的重病人,有肝、脾肿大和腹水等现象。血吸虫病流行于中国长江流域一带,以两湖、江苏、江西、安徽等省最为严重。尾蚴的大小仅几百微米,肉眼不可见,钉螺也不过米粒大小,病人大多被感染而浑然不觉,感染后也不会立即出现严重症状,初期的尾蚴入侵时,仅有皮肤致痒的针头大小出血点,病因隐蔽难明,不少人糊里糊涂送命仍不知缘故。

考古和医学工作者在湖南长沙马王堆女尸(西汉长沙国丞相利苍之妻辛追)和湖北江陵男尸(西汉五大夫遂少言)的肠壁和肝脏中都发现形态结构保存完好的血吸虫卵,说明了长江流域至少在两千多年前已有血吸虫病存在。这种传染病对锦衣玉食的贵族和高官都毫不留情,可见在当地已十分流行,人群受感染也非常普遍。

朱厚照被血吸虫感染并严重致病,有不少原因。

第一,朱家祖籍在安徽凤阳,但朱厚照从小在京城长大,可算是地道的老北京。宁王叛乱之前,他未曾到过南方,而反复进行“渔家乐”的淮安清江浦和宝应县范光湖地区,恰恰在血吸虫的分布范围内,靠近疫区的最北端。从未和血吸虫打过交道的朱厚照进入疫区,厄运自然随之而来,更何况多次参加捕鱼活动,甚至曾溺水,疫区水源对身体的危害可想而知。

第二,朱厚照长期纵情享乐,耽于酒色,免疫力早已大为下降,身体潜伏着各种隐患,对传染病的突然发难缺乏必要的抵御力。

第三,急性血吸虫病常见于对血吸虫感染无免疫力的初次感染者,或慢性血吸虫病患者再次感染大量尾蚴,常发生于春夏和夏秋之交,以阳历六至十月较常见。朱厚照是阴历九月溺水感染尾蚴后发病,基本符合这段期间。

第四,朱厚照在感染数月后曾出现"呕血"。呕血与咳血不同,前者指鲜血来源于消化道,后者是呼吸道,来自呼吸道的鲜血也能经咽喉进入口腔,从口中喷出。鉴别这两种出血是现代初学医者非常头痛之事情,但在不懂医学知识的史官看来,两种情况几乎毫无差别,因此"咯血"的朱厚照被记录成"呕血"是有可能的。血吸虫的童虫、成虫在肺内移动、发育、寄生,或虫卵在肺组织内等待孵化,引起肺内炎症、脓肿、肉芽肿等症状的病变,称为肺型血吸虫病。临床上除具有一般血吸虫病症状外,还表现为咯血、咳嗽、咳痰、胸痛等。

第五,血吸虫是一九〇三年才首次为日本人所发现,吡喹酮(praziquantel)是治疗血吸虫病的特效药,也是在二十世纪才被研发出来。几百年前的明代,血吸虫肆虐猖獗,当时的御医要么没见过南方的这种疫病,即使见过也苦于无根治良策,朱厚照落到了病魔手里，自然插翅难飞。

也许朱厚照落水时，尾蚴便悄然吸附到皮肤上，并趁机钻进静脉，不久发育为童虫。这些不速之客很快长为成虫，裹挟着童虫和成虫的血液回流到心脏后，再喷射到肺部；于是，童虫、成虫，甚至虫卵都在肺内大量沉积，引起严重的炎症反应。慢慢地，其他细菌乘虚而入，把炎症推进到脓肿，开始出现剧烈咳嗽、咯血、咯痰、发热。患急性血吸虫病时，结肠往往受累，所以很可能同时出现腹泻或排脓血便的症状。又由于朱厚照之前纵情逸乐，身体早被掏空，抵抗力较差，因此病情特别严重。

在急性血吸虫病和肺脓肿的双重耗损和打击下，染病数月的朱厚照好像一根过早燃烧殆尽的蜡烛，奄奄一息；没有抗寄生虫药、没有抗生素，御医们只能望病兴叹。尽管朱厚照偶尔回光返照，但他自己都知道命不久矣了。一五二一年三月丙寅，数月"疾不视朝"的明武宗崩于豹房，走完了颇受争议的一生。

蚍蜉撼树，衰运难逆

血吸虫和钉螺似乎都是微不足道的小生命，但对人体而言，会发展至身残病殁；个人嗜好似乎是小事，但对执政者而言，会演变成怠政渎职；建州女真似乎也是无足轻重的小部落，但对朱明王朝而言，终会成为挥之不去的梦魇。没有绝对的大，也没有绝对的小；没有绝对的强，也没有绝对的弱，就看是放在心里，还是抛之脑后。

颓势初现的大明朝告别了这位"顽主"，在哀乐笼罩的三月，大臣们伪装痛苦涕零，内心无不暗自庆幸着绝望提早结束，希望即将来临，仿佛朱厚照的死给了明朝一次难得的复兴机会；不幸的是，明武宗继任者在随后数十年被证明了是一名不折不扣的昏君，一心只想修道成仙。明朝自武宗开始，没有任何皇帝能够正确地处理这些朝政上大与小的问题。

大明，衰运不可逆矣！

【注释】

① 《明武宗实录·正德十五年十二月甲午》："上戎服乘马立正阳门下，阅视良久乃入。"

② 《明武宗实录·正德十五年十二月丁酉》："大祀天地于南郊。初献时，上拜，呕血于地，不能终礼，遂扶归斋宫。盖自是不复郊矣。逾宿，驾乃入御奉天殿，文武群臣行庆成礼，传旨免宴。"

③ 钉螺外壳小，呈圆锥形，像小螺丝钉，因而得名。是在水田间生活的动物，也是血吸虫幼虫的主要寄主，水患期间，消灭钉螺成了防治血吸虫的重要环节。

远离病榻

　　在血吸虫流行区只要接触疫区水源就有可能得血吸虫病，不接触疫水是预防血吸虫病最好的方法。接触疫水前，在可能接触的部位涂抹防护药，穿戴防护装备，如胶靴、胶手套、胶裤等，接触了疫水应主动去医院检查，发现感染应早期治疗，以防止发病。

　　血吸虫病人和病畜粪便中通常含有血吸虫卵，而虫卵只有在水中才能孵化，所以管好人畜粪便，安全放牧，避免粪便入水，就能防止血吸虫病传播。钉螺是血吸虫唯一的中间宿主，因此消灭钉螺可有效阻断血吸虫病的传播。

避无可避

——在劫难逃的顺治帝

历代帝王病历表
病历号码：EMAD1638019

病人基本资料：

姓　　名：爱新觉罗·福临　　身　　份：清世祖

得　　年：23岁　　　　　　民　　族：满族

生活区域：北京　　生活年代：公元 1638 年—1661 年

病史摘要：全身脓疱，痛苦中去世

　　顺治帝是清朝入主中原后第一位皇帝，懵懂之年便接过父亲皇太极的重担，但远没有父亲和祖父的骁勇强悍，也没有遗传他们的权力欲望和政治手腕，虽然力图巩固和扩展大清帝国的基业，但又厌恶政治，笃信佛法，时时梦想着远离尘世的安静、逍遥生活。

　　他拥有三宫六院，但把一生情感全奉献给挚爱董鄂妃，这位任性、脆弱、痴情、多愁善感的少年天子，几乎就是长在清宫的贾宝玉，从幼年继位到英年早逝，近二十年一直处于政治危机和情感挫折的漩涡，承受着同龄人和其他帝王难以想象的痛苦。

　　他的过早离世未尝不是一种解脱，又似乎在告诉后人：他的痛苦不仅来自政治和爱情。

　　顺治帝人生的最后一程究竟是怎样的呢？

天花元凶，正月变故

　　一六六一年（顺治十八年）正月，京城皑雪飘飘，新年鞭炮声响，老百姓正围坐在火炉边，沉浸在春节的喜庆之中；神秘的紫禁城里，深夜突然传出了令人震惊的消息：年仅二十三岁的顺治帝在养心殿驾崩了！

　　关于顺治帝的最终结局，野史与民间传言众说纷纭，有说他因董鄂妃去世而心灰意冷，遁入空门，出家为僧；有说他南下征讨郑成功，被郑军大炮击毙……这些说法大多穿凿附会、捕风捉影，缺乏严谨的史学依据，只能算是市井之民和文人墨客茶余饭后的谈笑之资。

　　根据正史记载，顺治帝是病死的[①]，在此之前的文献档案无顺治帝患病的明确记述，中国古代官方史书极少详细记录皇帝所患何病，而年纪轻轻、大致健康的顺治帝突然死去，如果是自然死亡，最大的嫌疑杀手便是感染性或传染性疾病。

天花（smallpox）是夺走顺治帝性命的元凶，它没有随着时间推移，永远湮没在历史的尘埃之中。

德国人魏特（Alfons Vate）所著《汤若望传》披露了顺治帝死于天花的事实。汤若望（Johann Adam Schall Von Bell）是著名传教士，德国天文学家，一六一九年抵澳门，一六二二年入北京，一六四四年归顺清朝，因能精确预测日食，得到朝廷的重用，逐步由钦天监监正（国家天文历法机构负责人）升太常寺卿、光禄大夫，并深得顺治帝和孝庄皇太后宠信，他们一直保持着良好的私人关系，顺治帝尊称汤若望为"玛法"，即满语"爷爷"之意，并常与之彻夜长谈，汤若望因此对他的情况非常了解。

据《汤若望传》记载，一六六一年初，顺治帝身染天花，已命悬一线，确立储君人选成了燃眉之急，当时他看好皇次子福全，孝庄皇太后则坚持立皇三子玄烨（康熙帝）。顺治帝派人征询汤若望的意见，知识渊博的汤若望也力主玄烨，理由是玄烨已出过天花并存活下来，对这种可怕的疾病有了终身免疫力，做接班人比较安全。这意见很快帮助顺治帝下定了决心，不久顺治帝撒手人寰，玄烨继承大统。

为顺治帝起草遗诏的王熙在《自撰年谱》记录了当时的情

况,提到那年正月初七突然在午夜急召他入宫,皇帝亲口对他说:"朕患痘,势将不起。尔可详听朕言,速撰诏书。"王熙一听,当即泣不成声。曾为董鄂妃起草祭文的张宸也记述说正月初四,大臣们向皇帝问安时得知皇帝身染重病;初七晚上,朝廷决定大赦刑狱,为皇帝祈福,接着传谕民间,不许炒豆、点灯、泼水(这些禁忌只有在皇帝出痘的情况下才会出现),这时大家猜测皇上出了天花;初八早晨,朝廷例行早朝被取消,只有极少数重要大臣被要求摘掉顶戴花翎进入大内,根据清朝制例,遇到皇帝大丧,百官必须脱去官帽,当时张宸就猜测发生了重大变故,果然当晚就传来了顺治帝驾崩的消息。

天花,中医名为"痘疹",是一种古老而凶险的传染病,不仅给普通老百姓,也给满洲贵族留下了惨痛的记忆。

皇亲折损,谈"痘"色变

十七世纪,一场大规模的天花疫情曾席卷亚欧大陆,持续了近一百年,当时中国北方是天花重灾区之一,这时期恰逢满清政权在关外骤然崛起,以及中原地区战乱不休、政权更迭。天花的祸害在当时达到了登峰造极的地步,清朝建立之初,天花疫情依旧十分严重,不但在民间造成了大量死亡,对满洲八旗官兵和皇室成员也产生了严重威胁,他们从冰天雪地的白山黑水进入了相对温暖的关内地区,体质有差异,对气候又不适应,又频繁与汉人接触,因此更容易被天花感染,那些金戈铁马、气吞万里的大将们无不谈"痘"色变。②当年许多满人没有死于沙场,却卒于天花,如名将多铎(努尔哈赤第十五子,顺治帝小叔叔)勇猛善战,入关后横扫江南,被后来的乾隆帝赞为"开国诸王战功之最",一六四九年仍躲不过死于天花的命运,享年仅三十六岁。

住在紫禁城的十位大清皇帝中,早期的顺治帝、康熙帝和后期的咸丰帝、同治帝都得过天花,顺治帝和同治帝直接死于天花,而康熙帝和咸丰帝虽然侥幸从天花魔掌中逃脱,脸上却留下永久的麻子(这些有碍观瞻的细节,宫廷画师是不敢如实反映在帝王画像中的)。

清王朝的历史上,紫禁城的高墙曾经无数次抵挡了政治的疾风暴雨,却未能抵挡住天花的肆虐横行。天花的流行已影响到皇室和八旗子弟的数量与质量,顺治帝生了八位阿哥,患天花夭折者四个,患天花而幸免于死者一个,其他皇室成员的子女死于天花者更多,天花就像鬼魂附体似的困扰着他们。③

早在皇太极当政期间,满清的王公贵族就曾多次"避痘"。顺治帝对天花的畏惧更是超过其父皇太极,《清实录·世祖章皇帝实录》多次记载他在宫外、宫中都尝试过避痘,如天花盛行时,"上避痘南苑";为了避痘,顺治帝甚至不惜打乱正常的朝议制度,躲在深宫不敢上朝。蒙古各部落一向是清朝最可依赖的联盟力量，从皇太极时代开始，蒙古各部落首领每年都要朝见皇帝，但顺治帝执政时期，竟连续六年没有接见千里迢迢前来拜谒的蒙古王公，就是害怕感染上正在蒙古流行的天花。

一六五一年（顺治八年），京城天花大爆发，是年十二月，顺治帝下谕："近日痘疹甚多，朕避处净地。"据史载，此谕旨下发时，顺治帝刚从外地回京。先前他带着太后、皇后等家人行猎于河北遵化一带的山中，此行十月出发，十二月才回銮；这是一次离奇的活动，皇帝行猎通常在秋天举行，冬季行猎闻所未闻，显然行猎不过是天子冠冕堂皇的托词，鉴于当时京中天花大流行，肯定是为了避痘。一代天子竟为天花所迫，不得不藏身于北方的寒山冰河之间，惶惶不可终日，真是悲哀！

连最高统治者都如此狼狈不堪，平民百姓更苦不堪言了。一六四五年（顺治二年）的谕旨宣布：凡是民间出痘者，立即迁出城外四十里进行隔离。甚至偶尔患感冒、发烧、风疹、疥疮的病人也全部被迁出城外。据《东华录》记载，那些被赶出城外的贫苦百姓，无食无居，只能把年幼的孩子抛弃在路旁，到处呼天哭地，悲惨景象简直目不忍睹。

顺治帝一生努力躲避天花，但命运偏偏和他开了个玩笑，天花还是在严寒的冬天悄悄盯上并吞噬了他年轻的生命。

可怕的天花，到底真面目如何？

恐怖疫病，高致死率

天花是世界上传染力最强的烈性传染病之一，由天花病毒引起，这种病毒繁殖极快，能在空气中以惊人的速度传播，具有高度传染性，至今仍没有发明出专门针对天花的抗病毒药物。没有患过天花或没有接种过天花疫苗的人，不分男女老幼均能感染。天花来势凶猛，发展迅速，患者往往病势严重，病死率高，死亡常发生在发病后一到二周内，约有30%的死亡率。从这个时间段来看，顺治帝的死与之非常吻合。

透过呼吸道吸入是天花的主要传播途径，皮肤接触是另一途径。天花病毒吸附于易感者上呼吸道的上皮细胞，并入侵到局部淋巴组织，其后大量复制，进入血液循环，形成病毒血症；病毒再透过血流，广泛地播散到全身皮肤、黏膜及内脏器官组织，此时患者开始出现严重的毒血症状（寒颤、高热、乏力、头痛、四肢及腰背部酸痛，体温急遽升高时还可能出现惊厥和昏迷）。病毒血症可导致全身多个器官严重受损，甚至全身出血，极其凶险。二到三天后，天花病毒便大肆破坏皮肤组织细胞，患者开始出现典型的天花痘疹，皮肤成批依次出现斑疹、丘疹、疱疹、脓疱，最后结痂、脱痂，终身遗留凹陷的瘢痕——痘疤。侥幸痊愈者经常面容残毁，俗称"麻面"，在心理上往往受到另一种严重打击。

　　因患者抓痒造成皮肤破溃,脓疱容易发生继发性细菌感染,入侵者常为金黄色葡萄球菌、溶血性链球菌及肺炎球菌等,使局部皮肤深层病损恶化,亦使得全身中毒症状加重和各器官受累,如蜂窝性组织炎、喉炎和支气管肺炎等,这些细菌感染引起的严重并发症在青霉素尚未发明的古代,完全可置人于死地。

　　顺治帝感染天花病毒导致全身脓疱、痛苦万分而死,有多重原因。

　　第一,天花的最盛期多数在春天与冬天,一般从十二月开始流行,高峰在次年春季,不过理论上终年均可能发生。专家认为寒冷时节时,人们集居拥挤,接触密切,可助长天花的传播,是天花季节性流行的原因之一。顺治帝在阴历正月出现明显症状,一周左右即死亡,基本符合天花的发病规律,而其发病、死亡时间正好是天花最狂虐的季节。

　　第二,顺治帝对天花缺乏足够的免疫力。他在去世前三年时间内,先后经历了丧爱子、丧爱妃之痛,尤其是百日前的董鄂妃之死,更使他哀毁骨立。[④]接二连三的精神打击令顺治帝茶饭不思、悲恸欲绝,本来就不甚健壮的身体自然变得弱不禁风,免疫力大为下降。当时起源于南方的民间接种人痘法虽已被证明是行之有效的预防天花手段,但满洲贵族依然沉湎于祖宗的传统方法——躲避,对汉族地区的新事物,从政治制度到医疗技术都采取怀疑，甚至排斥的态度。顺治帝没有接种人痘疫苗的记录，使他和其他皇室成员错过了当时最先进免疫技术的保护。

第三，天花病毒极为顽固。现代实验证明，存在于患者皮肤中的天花病毒可存活一年以上，存在于尘土及衣被物品上的天花病毒可在室温中长期存活达数月或更久，在零下十度至十五度之下甚至可存活四至五年。天花横行时，顺治帝虽然明白人与人的接触可传染天花，但不知人与对象的接触也不能完全避免天花的袭击。隆冬时节，他躲在深宫，不与外人接触，自以为高枕无忧，却不知携带天花病毒的衣服、用具等物件已把危险悄悄推到他身上。

天花只可防止，不能根治，所有的治疗都是以对症处理、营养支持、加强护理为主，没有专门针对病毒本身的治疗。患者能否闯过鬼门关，关键是自身抵抗力和病毒入侵的强与弱，换言之，不管是天子还是庶民，只能听天由命了。

接种疫苗，战"痘"初成

一位皇帝不幸因天花而丧命，另一位皇帝却因天花而即位。玄烨也是从小就与天花打交道的，刚出生不久就被送到西华门外的避痘处（后改建为"福佑寺"）避痘。尽管层层设防、处处小心，不到两岁时，他还是染上了天花；万幸的是,他从天花的魔掌中挣脱出来。自然得病的患者一旦痊愈,则获得了终身天花免疫力,这是玄烨最终能成为康熙帝的首要原因。

在与天花的长期对抗中,中国人早已发现了上述规律,并率先发明了天花的免疫预防方法——人痘接种。[⑤]最晚在十六世纪时,中国已逐步推广人痘接种法,而且世代相传,师承相授。医家总结出痘浆、旱苗、痘衣等多种预防接种法,具体方法是:用棉花蘸取痘疮浆液塞入接种儿童鼻孔中;或将痘痂研细,用银管吹入儿童鼻内;或将患痘儿童的内衣脱下,穿于健康儿童身上。透过人为造成的轻度感染,使被种痘者获得一定程度的免疫力。

鉴于自身童年罹病及父亲因天花病死的遭遇,视野、胸襟开阔的康熙帝亲政后开展了大规模的人痘接种工作,皇宫中、社会上死于天花的人数明显减少。一六八二年,康熙帝终于把种痘作为制度确立,他在《庭训格言》中写道:"国初人多畏出痘,至朕得种痘方,诸子女及尔等子女,皆以种痘得无恙。今边外四十九旗及喀尔喀诸藩,俱命种痘;凡所种皆得善愈。尝记初种时,年老人尚以为怪,朕坚意为之,遂全此千万人之生者,岂偶然耶?"

此后一百多年,天花虽未被彻底征服,但其凶顽不可一世的势头终于被遏制住了。

抱残守缺，遗憾百年

人痘接种法经过推介，在世界各地广为传播，拯救了数以千万计的生命；但这种方法极依赖接种者的个人经验，即使在最理想的医疗条件下，仍有约2%的死亡率，严重时甚至会造成将近一半的被种痘者死亡，还是存在一定危险性，而且这种方法获得免疫力并非持续终生，往往只有数年。

一七九六年，英国乡村医生爱德华·詹纳（Edward Jenner）发明了更有效、更安全的牛痘接种法，这种方法在清朝嘉庆年间经由澳门和广州传回中国。从中国传出去的接种法，经过改良，在地球上转了一圈，又回到它的故乡。

遗憾的是，此时中国人和中国统治者早已失去对西方先进技术的求知欲，沉浸在"康乾盛世"的他们早变得抱残守缺、墨守成规、故步自封。传统的人痘接种法对他们来说，是神乎其技的，是不可动摇的；于是，悲剧便在皇宫内外不断地上演，顺治帝的子孙再次成了天花的猎物。

历史给中国人的机遇稍纵即逝。一八四一年一月，鸦片战争中用坚船利炮取得节节胜利的英军，在香港岛升起了他们的国旗，道光帝统治下的紫禁城一片死寂和悲凉，此时距离顺治帝去世，正好一百八十年了。

【注释】

① 《清实录·圣祖仁皇帝实录》:"顺治十八年,辛丑,春。正月,辛亥朔,越七日丁巳,夜子刻,世祖章皇帝(顺治帝)宾天。先五日壬子,世祖章皇帝不豫。丙辰,遂大渐。"

② 清军准备入关作战时,有"神力王"美誉的肃亲王豪格曾心惊胆战地说:"我未经出痘,此番出征,令我同往,岂非致我于死乎?"

③ 雍正帝曾说:"看来满洲、蒙古等艰于子息者,大都为出痘所殇。"

④ "忽忽不乐,自于宫中行年之丧,又亲制行状,述妃懿嫩,以寄其哀,及崩。"

⑤ 清代医家俞茂鲲《痘科金镜赋集解》:"种痘法起于明隆庆年间,宁国府太平县,姓氏失考,得之异人丹徒之家,由此蔓延天下,至今种花者,宁国人居多。"乾隆时期的医家张琰《种痘新书》说:"余祖承聂久吾先生之教,种痘箕裘,已经数代。"又说:"种痘者八九千人,其莫救者二三十耳。"

远离病榻

1950年10月，中国全面推广牛痘接种法，经过十一年努力，1961年6月，最后一名天花病人痊愈出院，天花自此在中国境内彻底灭迹。1979年10月26日，联合国世界卫生组织在内罗毕宣布，全世界已消灭了天花病。虽然天花已被消灭，但人们对传染病的预防仍丝毫不能松懈，许多传染病如痢疾、流行性感冒、百日咳等在发病早期，传染性最强，早期发现、隔离和治疗病人，就能及时防止传染病蔓延。

传染病从病人或病原携带者再传染给健康人，中间需要特定的传播途径。常见的传播途径有呼吸道传播、肠道传播、接触传播、虫媒传播。有些传染病如B型肝炎可透过输血、性交、分娩等途径传播，也可由母体经由胎盘传给胎儿。采取相应的措施切断传播途径，可减少传染病的发生。最后，注射或服用有预防疾病作用的疫苗、菌苗，使人获得相对应疾病的免疫力，也能预防传染病的发生和流行。

冰火两重

——冷热煎熬的康熙帝

历代帝王病历表
病历号码：EMAD1654020

病人基本资料：

姓　　名： 爱新觉罗·玄烨	**身　　份：** 清圣祖
享　　寿： 68岁	**民　　族：** 满族
生活区域： 北京—河北承德	**生活年代：** 公元1654年—1722年

病史摘要： 全身忽冷忽热

　　一六九三年溽暑的一天，一位面容憔悴的病人斜靠在床上，背后垫了一大叠枕头，一双手颤动不已，还不停地紧抓着身上厚厚的被盖；这两只曾在战马和弓箭之间扭转乾坤的大手，如今枯瘦如柴。

他的嘴唇已开始抽搐，在冰冷的内寒中黯然发紫，每次抽动都带着巨大的痛苦；一双眼窝深陷的眼睛，慌乱无神地瞧瞧这又瞧瞧那，有时仿佛无比怀疑地盯住身旁的每个人。

从夜间到白天，寒魔在他的体内肆虐横行。好不容易捱到旭日初升，一缕阳光透过紫禁城乾清宫的门窗投射到阴暗的卧室内，寒气似乎正慢慢消退；然而，他睁开眼睛的次数却愈来愈少了，被瘟神糟蹋得不成样子的脸庞在日光映衬下，显得愈来愈惨白。

此刻，高烧好像一场暴风雨，使他全身无不处在火焰的焚烧中，汗水把被单都浸湿了；他的躯体被病魔的长矛刺得千疮百孔，被非人的痛苦折磨得不省人事，被这从天而降的妖风吹得扭曲变形！

大臣们、御医们惊恐不已、彷徨无措。

这位病人就是时年三十九岁的康熙帝，大清入主中原后的第二代君主。

峰回路转，奇迹出现

鉴于病情加重，御医治疗效果欠佳，一向勤政的康熙帝这次不得不安心静养，把国事托付给十九岁的皇储："朕因违和，于国家政事久未办理，奏章照常送进，令皇太子办理，付批办处批发。"

当康熙帝病恹恹地躺在死神门口、众人一筹莫展之时，宫内的西洋传教士进献了一种用树皮提炼的西药，说是能治疗皇上的顽疾。一石激起千层浪，太医院顿时恼怒了：天下有什么药能比咱们的中药更保险、更有疗效？再说，这些传教士并非郎中，他们懂什么？敢拿当今圣上做试验品？

然而，太医院的传统辨证治疗依然无法为皇上解除一丝一毫痛苦，眼看着未到不惑之年的康熙帝就要像其父那样英年早逝了。生存的渴望使得这位千古一帝终究迈出了大胆的一步：他先让下属服药证明无毒之后，果断地服下这些药物。

奇迹很快出现了。当晚，康熙帝一夜甜睡，未觉寒气来袭；第二天，热潮再次扰人，遂又服下一剂，症状竟逐渐减轻。康熙帝仍不相信会如此容易击退顽疾，做好了准备，等待着可恶的寒热再犯，一天一夜过去了，他的身体平安无事。龙体康复了，宫廷内一片欢腾。

康熙帝最终活到六十八岁。"大渐"、"崩"等极其不祥的字眼并没有提前出现。这场大病只是人生的一段插曲。《清实录·圣祖仁皇帝实录》对此事轻描淡写：

> 康熙三十二年，五月，甲辰朔。……
>
> 癸丑。圣躬违和，不理事。……
>
> 壬戌。谕大学士等，朕躬违和，久未理事。今已稍愈，

奏章着照常送进。

……

壬午。谕大学士等,朕体已大愈矣,行步并无妨碍。

这个被官方史书遮遮掩掩的病魔,真面目到底如何? 又是怎样被打败的呢?

笔者从当时的清宫传教士记述中找到了答案。法国人都·哈尔德(Du Halde)在《中国地理历史年事政治纪录》中说:"圣祖(康熙帝)因被恶性热病侵袭,徐日升(Thomas Pereira)、张诚(Jean-Franois Gerbillon)神父奉命通夜留在宫内,并将法王类斯十四世赐给举国贫民的锭剂呈进,服用半帖,热即解除。数日后,因饮食失调变为疟疾,上下惊恐,遽颁布诏书,征求良法。特派四大臣专主其事,应征者甚众……但结果无效……天主教神父适时获得金鸡纳一磅,此药北京尚无人知其效,在宫中试于三个患症之人。一个发热时服之,第二个发热后一日服之,第三个无热时服之,皆一剂见效。康熙帝见此,乃大胆服之而愈。"

法国传教士白晋(Joachim Bouvet)的《康熙帝传》也记录:"我们用欧洲带去的药物治愈了大量病人,其中不少是宫廷大臣,甚至还有一驸马。不久,皇帝也患了一场重病,服御医药无效,恰在此时,洪若翰(Jean de Fontaney)与刘应(Claude de Visdelou)两神父(均为法国人)来到,并紧急带来金鸡纳霜,治愈了帝病。"白晋还得意地记载了大病初愈的康熙帝为了表彰传教士的功劳,并把西药发扬光大,阳历七月四日在皇城西安门内,专赐法国传教士广厦一所……名为救世堂。

一六九三年七月四日对应的正是阴历康熙三十二年六月初二,与康熙帝阴历五月病重、同月又病愈的官方记载完全一致。从西方的记载看,他是患了疟疾(malaria),俗称"打摆子",通过服用"金鸡纳"获得了痊愈。

疟疾到底是一种什么病?

疟蚊叮咬,疫病发作

疟疾在古代称为瘴气,是由雌性按蚊(anopheles)叮咬人体,将其体内寄生的疟原虫传入人体而引起;以周期性冷热发作为主要特征,可以导致脾肿大、贫血以及脑、肝、肾、心、肠、胃等器官受损,严重时致命。一年四季皆可发病,但以夏、秋季蚊子最活跃时,患者最易受到侵害。由感染到出现发热称为潜伏期,不同种类的疟原虫潜伏期不一致,大多从两周到一个月不等。潜伏期末,患者会出现前驱症状,如头痛、恶心、食欲不振等。

康熙帝发病前的阴历四月,多次前往宁寿宫和畅春园给皇太后请安,这些居所周围有面积较大的园林,草木花丛比比皆是,是蚊虫滋生的理想之处,他经过这些地方,自然容易被蚊子叮咬,继而受到感染。

典型的疟疾多呈周期性发作,表现为间歇性寒热发作。发作时先有明显的骤然寒颤,患者全身发抖,面色苍白,口唇发绀,若在盛夏,虽盖棉被数层仍感冰寒,寒颤持续约十分钟至二小时;接着体温迅速上升,常达四十度或更高,患者面色潮红,皮肤干热,烦躁不安,高热持续约二至六小时后,患者全身大汗淋漓,大汗后体温降至正常或正常以下,其后自觉舒畅乏力、嗜睡,入睡数小时,醒后更觉畅快,但经过一段间歇期后,又开始重复上述寒颤、高热发作,周而复始。

因疟原虫在人体内红细胞中增殖成裂殖子,使红细胞胀大破裂,此时大量裂殖子和疟原虫代谢产物进入血液循环,引起异性蛋白反应,使机体肌肉收缩产热。这些物质又可作用于大脑体温调节中枢,进一步引起发热及其他相关症状。疟原虫完成第二次增殖时,再重复以上的发病过程。不同种类的疟原虫增殖时间不一致,因而发作周期也不一致,部分疟原虫导致的疟疾虽使患者反复寒颤、发热,但经过多个周期之后,是可以自行缓解的;不过有种叫“恶性疟”的疟原虫导致的疟疾不经治疗,难以自行缓解,能使肝脏、肾脏等器官急性衰竭,常可夺命。康熙帝正是由于体内红细胞被疟原虫破坏、大量裂殖子等物质释放进入血液,从而产生了寒热交替的煎熬。

在传教士的帮助下,康熙帝终于从疟疾的魔掌中挣脱出来。那么,治愈疟疾的西洋圣药——“金鸡纳”又是何物呢?

治疟神药，来自南美

其实金鸡纳不是欧洲医学的发现，它的原料是金鸡纳树皮，这种树原产于南美洲厄瓜多尔。十七世纪，南美印第安人就开始用这种树皮治疗忽冷忽热的疟疾，后来一位传教士得知了它的功效，并用它治好了西班牙驻秘鲁总督夫人的疟疾。一六三二年左右，该灵药从南美新大陆被引入到西班牙；到了一六三九年，由总督夫人的侍臣传出了国界，在欧洲广为传播。这种树皮以总督夫人的名字被命名为金鸡纳（cinchona），成为当时著名的治疟药。

金鸡纳就本质来说，只是与中草药无异的土著本草，并非科学产物。中国不出产这种树，因此历史上无此药治疗疟疾的记载和医学总结，而当时欧洲人对疟疾的发病机制、金鸡纳治疗疟疾的原理仍是一无所知的。

早在十六世纪，经历过文艺复兴洗礼的欧洲诸国，在科学技术上对古老中国急起直追，有些领域已经超越了。明代中期，中国从葡萄牙人手中购买先进的火炮，乃至学习他们的枪炮制作工艺；单就军事技术而言，当时中国已经落伍了，只是中国与欧洲国家的国力差距仍大，1840年鸦片战争的惨剧才没有提早三百年发生。到了康熙时代，虽然欧洲的解剖学、生理学已远超前于中国，但就治疗效果而言，西医并不比中医高明许多。

当时西医并无可与李时珍一五七八年写成的《本草纲目》相提并论的学术著作。

一八二〇年，法国化学家皮埃尔·佩尔蒂埃（Pierre Pelletier）与约瑟夫·卡文图（Joseph Caventou）从金鸡纳提取出有效成分奎宁（quinine）和金鸡宁（cinchonine）。一八八〇年，外科医生阿方斯·拉韦兰（Alphonse Laveran）在阿尔及利亚用显微镜观察到疟疾病人血液中的疟原虫。1944年，哈佛科学家罗伯特·伍德沃德（Robert Woodward）与威廉·德林（William Doering）第一次以人工方法成功合成奎宁，其后奎宁被证实可打断人体内疟原虫的生长周期。这些化学、药物学和病理学的发现，使金鸡纳治疗疟疾的原理真相大白，使原始的金鸡纳进化为治疟疾的现代医药。

遗憾的是，十九世纪到二十世纪中叶，科技发展领域几乎找不到聪明的中国人曾经活跃的身影，而当时的中国正经历着几千年来从未有过的深重灾难。同样是疟疾，中国人单靠自己的技术未能战胜，而欧洲人却轻而易举地克服，意味着什么？当时几乎没有人进行过深刻反思。

先进西学，失之交臂

康熙帝的文治武功在有清一代，乃至中国两千多年的帝制时代，都是值得称道的，这方面可谓"前人之述备矣"；他也是罕见重视西学的君主,几何学、天文学等西方最新成就,曾是他案头工作之余的心爱之物。

康熙帝再英明、再伟大,也无法抛开时代的局限,他茫然不知西方科技日新月异的原因,一窍不通西方政治、社会制度的变迁;那些珍贵的科学知识,只不过当作私人的爱好,充其量只命人翻译、印刷相关书籍,没有大力普及推广,没有让社会大众广为接受,使之转化为先进的生产力。中国依旧沿着老路,自以为是地走下去,并且愈走愈自负,愈来愈闭目塞听。从这一点看,同一时代领导沙俄进行全面改革的彼得大帝,比他伟大。

康熙帝之后,更没有一个帝王具备他那样的胸襟。一八四○年,英国殖民者用坚船利炮在中国沿海如入无人之境,此时,康熙帝后人道光帝完全不知"英吉利"是什么国家,所居何处?又过了十几二十年,第二次鸦片战争爆发,英法联军攻打北京,守卫京师的清军精锐部队虽然勇敢顽强,但他们手中的武器还是弓箭、刀枪,不比几百年前战胜明朝的祖先进步多少。此时的中国和西方,真正是冰火两重天。

疟疾来犯,没有成为中国觉醒的契机;直到真正强敌来犯,中国人才开始"睁眼看世界"。

远离病榻

　　任何疾病的预防都比治疗更重要，疟疾也不例外。根治现症病人和带疟原虫者，是控制传染源的有效途径；消灭按蚊滋生地及杀灭蚊虫，是切断传播途径的必要手段；注意个人防护，穿长衣、长裤，房间内要防蚊、驱蚊，如使用蚊帐、驱蚊剂等，是保护自身免受蚊虫叮咬的重要方法。

第五章
国君难逃心疾异症

横槊赋诗临碣石，
奈何头痛常常。

三分鼎足有汉王。
当年称大耳，
肢末亦猿长。

一隅偏安池美酿，
智残后代彷徨。

脊中痿病步郎当。
长生终汞害，
何处觅唐光？

历代帝王病历表
病历号码：EMBC0092021

病人基本资料：

姓　　名：	刘贺	身　　份：	汉废帝（昌邑王、海昏侯）
享　　年：	33岁	民　　族：	汉族
生活区域：	陕西西安—山东巨野—江西永修		
生活年代：	公元前92年—前59年	病史摘要：	行走困难

　　刘贺，一个极不起眼的名字，配上一个极不光彩的称号——汉废帝，在汉朝四百多年历史上仅留下寥寥几笔。因此君在位仅二十七天，便因荒淫无道被赶下台，几乎是中国历史上执政时间最短的皇帝。

惨遭废黜的帝王大有人在，其中很多人本身就是任人摆布宰割的傀儡，后人往往投以可怜或惋惜的一瞥；而这位汉废帝刘贺却是咎由自取，古语云："自作孽不可活！"他的登基和逊位，从头到尾都是一场闹剧。

胡作非为，公审废黜

公元前七四年，汉武帝刘彻的幼子，年仅二十岁的汉昭帝刘弗陵去世了。被汉武帝委以辅政重任的大臣霍光对汉昭帝之死很痛心，也很头疼，因为皇帝死得太早，连儿子都没来得及生一个，到底谁做接班人呢？为了挑选新君，大臣们争吵不休；最后，权倾朝野的霍光决定立不满二十岁的昌邑王刘贺为帝，他的如意算盘是小皇帝不懂事，更便于专擅朝政。两千多年后的慈禧皇太后也循着同样的思路立醇亲王奕𫍙的儿子当光绪帝；不同的是，老佛爷是顺利得偿所愿了，而霍光却经历了一波三折。

刘贺何许人也？他是汉武帝的孙子，昌邑王刘髆的儿子，一个浪荡不羁的小混混，继承父亲的爵位后，住在山东巨野附近的封国，天天花天酒地。霍光也许不是不知道此人恶名昭彰，但为了手中的权力，为了操纵方便，也顾不上什么道德品行了。

昌邑王刘贺即位后立刻忘乎所以，居丧期间毫无悲伤之情，汉昭帝的灵柩还停在前殿时，居然让乐人击鼓、唱戏，又与宫女寻欢作乐，严重破坏了森严的丧葬制度，引起朝廷上下一片不满。他把以前在昌邑的小流氓们全召到长安，继续陪他吃喝玩乐；把自己任昌邑王时的官属全部调到长安，安排高官厚禄，任其横行霸道、胡作非为。一时之间，整个皇宫被刘贺搅得天昏地暗、乌烟瘴气；史书说刘贺"每日与近臣饮酒作乐，淫戏无度"，而且在短短二十七天之内，竟就国家大政胡乱发号施令多达一千一百二十七次！①

霍光悲哀地发现自己错了，而且错得厉害，事实显然并非仅是嬉戏作乐这么简单，刘贺的目的在于培植和扩展自己的势力，力图改变霍光党羽扎根朝廷的格局；于是，霍光决定"更选贤而立之"，联合了群臣，乘着刘贺玩乐，控制住他的亲信，接着召开"公审大会"，列举了他的种种"劣迹"，将其废黜，仅做了二十七天皇帝的刘贺被赶回封地昌邑，史称汉废帝。

原本鸿运当头的刘贺，很快开始厄运连连，不仅丧失了人身自由，而且健康状况也恶化了。

其后，权臣霍光迎立了汉武帝的曾孙、原太子刘据之孙——来自民间的刘询为帝，就是汉宣帝。这位皇帝自然对前任废帝的堂叔刘贺不敢等闲视之，怕他有朝一日东山再起，便将其贬为侯爵，变相采取手段软禁、监视他，一关就是十年。

公元前六四年（元康二年），汉宣帝遣山阳太守张敞前去刘贺住处刺探虚实。根据《汉书·卷六十三·武五子传第三十三》记载，张敞向皇帝汇报，故王刘贺言语颠三倒四，头发上插着毛笔，衣冠不整，猥琐不堪。以下的描述很有意思："故王年二十六七，为人青黑色，小目，鼻末锐卑，少须眉，身体长大，疾痿，行步不便。衣短衣大绔，冠惠文冠，佩玉环，簪笔持牍趋谒……臣敞阅至子女持辔，故王跪曰：'持辔母，严长孙女也。'……察故王衣服言语跪起，清狂不惠。"

文中，张敞谈到了刘贺患有"痿，行步不便"。对刘贺来说，是不是祸不单行呢？这个"痿"又是什么疾病呢？

七情损伤，身残志堕

痿症，中医指的是肢体筋脉弛缓、软弱无力，久因不能随意运动而致肌肉萎缩的一种病，临床上以下肢为多见，故称"痿躄"。明代医学家王肯堂认为"痿者手足痿软而无力，百节缓纵而不收也"。明末清初医学家陈士铎则说："痿症终年不能起床……足弱无力，不能举者。"又说："两足之弱，不能步履。"都给痿症下了较为确切的定义。这是临床常见病，很早就受到医家高度重视，成书于春秋战国时期的《黄帝内经》就有专门讨论的篇章。

中医理论指出：始富后贫、思虑过度、所欲不遂和膏粱太过等都能导致痿症。与刘贺的境况非常吻合，他从九五之尊的皇帝宝座上突然掉下来，连原先"昌邑王"的王位都保不住，后更被贬为"海昏侯"。人生大起之后，竟被推落谷底，社会地位变化之大、之快，历代少有；心理落差之大，常人更不能忍受，"七情损伤心肺气血"，乃"痿躄为挛"的原因之一。

那么，刘贺的"痿症"，对应的是西医上哪种疾病呢？

抽丝剥茧，探查痿症

从临床表现上分析，痿症包括西医的脊髓炎、急性炎症性脱髓鞘性多发性神经病（Guillain-Barre syndrome）、脊髓空洞症（syringomyelia）、重症肌无力（myasthenia gravis）、进行性肌营养不良症（progressive muscular dystrophy）、周期性瘫痪（periodic paralysis）和脑血管意外的后遗症等。

先说脑血管意外，包括突发的脑梗死、脑出血、脑栓塞等，以患高血压的中老年人或风湿性心脏病患者多见。没有数据提示刘贺患有高血压或心脏病，而且他得"痿症"时才二十多岁，远未到脑梗死和脑出血的多发年龄。即使他的脑部血管真的出现畸形，不幸提早发生了脑出血，在距今两千多年的汉代医疗条件下，也很难存活，而病后还能勉强走动的脑出血患者，比当皇帝幸运不只千百倍。

周期性瘫痪指的是反复发作的、以骨骼肌弛缓性瘫痪为主要表现的肌病，患者大多合并血液里钾离子水平降低。虽然青壮年好发，且饱餐、酗酒、剧烈运动、过劳、寒冷或情绪紧张等均可诱发，但这种疾病的特点是四肢瘫痪无力，而且是发作性，也就是大多数时候完全正常。刘贺如果患有此病，就不仅是"行步不便"了，恐怕连拱手作揖之类的礼节动作都无法完成，甚至只能成天躺在床上了。再说，这种疾病既然是发作性，刘贺在患病时的确有充分理由暂不见客，尽量不向外人暴露自己的难堪病态；除非是像司马懿那样无病装病，像朱棣那样不疯装疯，一切为了消除当权者的猜忌。可是他这样不学无术、城府极浅的浮夸纨绔子弟，有如此的政治智慧吗？

进行性肌营养不良症是缓慢发展的肌肉萎缩、肌无力为主要表现的慢性病，可以分为好几个亚型，一般来说，大多在孩童时代就出现明显的症状了，比如走路费劲、容易摔倒、不能跳跃等。刘贺在青少年时代应该是健康的，从接到皇帝"任命书"后的疯狂表现来看，肯定是个极贪玩、活泼好动的顽主，断不会有行动障碍，否则史书应会有所描述，而且霍光再专横跋扈，可供选择的人选又不只一个，也不至于强行立个残疾人当皇帝，实在有损大汉帝国的颜面啊！

至于急性炎症性脱髓鞘性多发性神经病、脊髓空洞症、重症肌无力这些疾病，不仅累及下肢，经常是四肢都出现瘫痪。前两者发病时的病情较重，患者无法下床活动（脊髓空洞症累及上肢时会出现"爪形手"，若有这个特征，观察入微的张敞应该会有所记录）；至于后者，病情相对较轻，症状晨轻暮重，常合并眼睑下垂的典型特征。张敞虽然详细描述了刘贺的外貌，提到"小目",但没有说他眼睛睁不开,看来重症肌无力这一诊断的依据也显不足。

引起肌肉无力或行动不便的疾病固然还有很多,像股骨头坏死(necrosis offemoral head)、僵直性脊椎炎(ankylosing spondylitis)等,对刘贺来说,并非全无可能,只是笔者觉得还有一种疾病的可能性更大。

病入脊髓,行动有碍

现代医学理论认为脊髓炎(myelitis)是人体的免疫系统被病毒等病原体过度侵袭后,"误伤"自身脊髓所致的疾病,是临床上常见的一种脊髓病变。患者以青壮年居多,全年均可能发病,以冬、春及秋、冬相交时较多,发病时,患者双下肢麻木,逐渐进展至脊髓病变水平以下的肢体瘫痪和感觉缺失,甚至大小便障碍。卧床不起的患者若发生肺炎、泌尿系感染或褥疮等并发症,则影响预后。在现代医疗条件下,大多数脊髓炎患者在发病后八周内会慢慢康复,约三分之一患者不会有后遗症,但有约三分之一患者会留下包括行动障碍在内的严重后遗症。

刘贺很可能是脊髓炎后遗症患者。他整日沉溺于声色犬马、酗酒无度,搞得脸色青黑,一副病夫模样,"鼻末锐卑,少须眉",足见他瘦弱而气血不旺,这种人的身体抵抗力自然很差,被病毒等有害病原体侵袭得手是很正常的。由于病后残留后遗症，走动不便，干脆以坐姿或卧姿为日常生活方式，久而久之，下肢肌肉废用而日渐萎缩；不过上肢功能可能影响不大，见到来客后，虽然显得"清狂不惠"，但跪下、起立等动作还能顺利完成，因此股骨头坏死、僵直性脊椎炎等严重影响关节功能的疾病发生的可能性较小。

汉宣帝刘询获悉堂叔刘贺这般猥琐样，而且身心俱废，猜忌大为减轻，可以说，不会也不用演戏的刘贺因此获得了生机，他如果继续夹着尾巴做人，也许能多活几年。汉宣帝为了表现自己胸怀宽宏，不久就把不足为虑的刘贺迁到豫章国（今江西）居住，给予食邑四千户，子孙世袭为侯。

虽然是个窝囊废，但刘贺对失去皇位依然耿耿于怀。到达豫章的几年后，某次与名为孙万世的人聊天时，孙问："您被废时，为什么不坚守宫中，先下手为强，斩杀了大将军（霍光），反而听任他夺取皇帝玺绶呢？"毫无政治经验的刘贺立刻显得非常懊悔，居然说道："是啊，机会真是稍纵即逝！"不料隔墙有耳，或者老孙本就是线人，这次谈话内容很快传到皇上耳朵里，愤怒的汉宣帝立刻下诏"削户三千"，又惊又气的刘贺受到这次打击，不久便一命呜呼了。

执迷不悟，自断生路

相传被汉宣帝惩罚的刘贺，曾在鄱阳湖上划船，至赣水口愤慨不已而折返，后人因称此地为"慨口"。几百年后的大地震，湖底发生剧烈的地质运动，鄱阳湖从此与长江分离，只留下湖口入江。今天已无从得知"慨口"在何处了，正如大家几乎没听过"汉废帝"、"昌邑王"一样。

刘贺被废后患了脊髓炎，本是因祸得福，这种疾病没有夺走他的性命，只是把下肢功能减弱而已。像他这样的敏感人物，朝廷是不会放虎归山的，也注定了半监禁、受监视日子依旧危机四伏；如果他能了解自己的处境，吸取历史教训，或者多看看书，总结前人得失，本可凭着一场致残的疾病，得以颐养天年的。

历史上不知有多少人，为了躲避猜忌也好，为了韬光养晦也罢，不会演戏也得演戏，甚至连苦肉计都用上了，可惜刘贺完全不懂，至死不悟，还愤慨不平呢。因此，不管在宫里还是在民间，不管在煌煌史书还是在民间评议，他永远都是政治漩涡里的废物。从这点看，人们还真不该忘记这位可笑的、心智极其幼稚的历史人物。

【注释】

① 《汉书·霍光金日磾传》："受玺以来二十七日，使者旁午，持节诏诸官署征发，凡千一百二十七事。"

远离病榻

加强运动锻炼，增强体质，预防上呼吸道感染，对于预防脊髓炎具有重要的意义。不幸患病的人应该注意以下几点：

一、加强营养，进食高蛋白质、高维生素食物。

二、注意保暖，避免受寒。

三、保持皮肤清洁、干燥，保持床单干燥、柔软、平坦；勤翻身；瘫痪肢体保持在功能位置，尽早做被动运动；在骶、踝、肩胛等部位垫以气圈或软垫，并经常按摩。

四、保持呼吸道通畅，及时清除呼吸道分泌物。

五、多吃含粗纤维的食物，保持大便通畅。

病骥千里
——头痛梦魇的魏武帝

历代帝王病历表
病历号码: EMAD0155022

病人基本资料:

姓　　名:	曹操	身　份:	魏武帝
享　　寿:	65岁	民　族:	汉族
生活区域:	河南一带	生活年代:	公元155年—220年

病史摘要: 反复剧烈头痛

　　他一生戎马, 刀光剑影, 意气风发, 高唱"对酒当歌, 人生几何"; 他一统北国, 气吞万里, 又似闺妇幽婉, 低吟"青青子衿, 悠悠我心"; 他一直抱病, 身心俱惫, 仍志在千里, 笑谈"烈士暮年, 壮心不已"。他是三国时期魏国开创者——生前从未称帝, 死后追赠

"魏武"帝号的曹操。

历史上,文治武功方面成就斐然的君主虽非寥寥无几,但多数未免"略输文采",例如汉武帝、唐太宗;文化艺术领域一枝独秀的君主虽称一代宗师,但多落得国破家亡,例如李后主、宋徽宗。像曹操这样集杰出政治家、军事家和文学家于一身的人物,在两千多年的帝制时代中,真可谓独领风骚!

然而,英雄豪杰亦不过一副血肉之躯,生老病死仍是不可逾越的人生障碍。

头风之祸,神医枉死

曹操的病几乎和诗作一样齐名。东汉末年,神医华佗名扬天下,曹操召至身边担任私人医生;曹操每次头风发作都痛苦不堪,而华佗运用针灸之术,总能手到痛除,使他获得暂时解脱。①

曹操所患"头风",到底会出现什么症状?

头风,古代中医病症名,指的是经久难愈之头痛。②此外,曹操《内诫令》曾自述:"孤有逆气病。"逆气也是病症名,指气上逆不顺而出现的病变症候,其中胃气、肝气上逆都可表现为恶心、呕吐。综合来看,曹操的症状主要是反复头痛,剧烈时伴随眩晕或恶心,甚至呕吐,文献里没有其他头部伤病的明确记录。

二〇〇九年在河南安阳西高穴村发掘的曹操墓,引起了考古界的高度关注,出土文物中的石枕上刻有"魏武王常用慰项石"铭文(入葬时尚未获得帝号,仅以王之礼入殓)。由此推断,曹操生前很可能经常使用枕石疗法治疗头部疾病,印证了史书关于头痛的记载属实。

值得一提的是,华佗最后竟死于曹操之手,原因并非如《三国演义》所杜撰的,他试图用"开颅术"根治曹操的"风涎",惹得多疑的曹操大怒而杀之。真实的情况是华佗不喜欢当曹操的私人医生,只为一个人服务;也许他向往自由自在的乡村生活,也许矢志救助黎民百姓,也许厌恶曹操的飞扬跋扈。不管怎样,总之他递交了辞职书,为了掩盖真实想法,拿妻子当"挡箭牌",谎称妻子生病需人照顾。这个看似无关紧要的疏忽最终把他送上了断头台! 作为医生,华佗没有重视"细节决定成败"的道理;而曹操老谋深算且疑心颇重,理所当然不放过任何细节,于是严令彻查,真相很快大白,感觉权威受到愚弄的曹操勃然大怒,立即下令捕杀华佗。

二〇八年(汉献帝建安十三年),一代神医身首异处。正是这年冬天,赤壁之战拉开序幕,曹操战败北撤,永远丧失了统一全国的机会。或许少了神医的针灸疗法,曹操旧病复发,痛苦难耐,多多少少干扰了他的战略决策;此后十多年,曹操继续忍受头痛的煎熬,但再也没有像华佗一样的神医帮他解脱病苦。

《后汉书》记载华佗"年且百岁,而犹有壮容,时人以为仙"。看来,从事古代医疗行业的人都仙风道骨,大概总是淡泊名利吧!他们普遍恶于官场逢迎,追求内心清静自在;他们的心思都用在研究治病之道,一旦与权术扯上关系,他们的心眼儿就显得不够用了,也或许是不屑为之。华佗就这样糊里糊涂地丢了性命。他的心血杰作《青囊经》也随之失传。从此,后人只能在传说中,想象他那妙手回春的医技了。

言归正传,究竟是什么疾病导致了曹操多年来反复头痛?

头痛病因,纷繁芜杂

华佗死时,曹操五十三岁,距离去世尚有十二年之久,而华佗已在其身边服务多年,可见曹操在四十多岁时就开始出现严重的头痛。

导致头痛的病因比比皆是,大致可划分为全身原因、颅外原因和颅脑原因。就全身因素而言,常见的急性感染和中毒可以排除,因古人不可能在漫长的岁月里罹患严重感染或中毒而不死。有人怀疑是高血压病引起,可是这种疾病的表现通常是头晕,而非头痛。当高血压病人出现明显头痛时,病情已较严重,此时收缩压可能大于200 mmHg,这样的病人很容易发展到高血压脑病,甚至高血压危象,出现心、脑、肾的严重损害,在没有血压概念和有效降压手段的时代,极其容易造成死亡。如果曹操患有引发剧烈头痛的高血压病，必然是病情严重而束手无策的，在当时的医疗条件下，居然能十几二十年大难不死、不留病残，甚至在政治和文学上事业有成，这简直是不可能的。

就颅外因素而言，颅骨损伤、五官口腔疾病和颈椎疾病都因缺乏证据而排除在外。也有人怀疑是三叉神经痛，这类疾病确实多见于中老年人，但疼痛位置以脸部、口腔和下颌为主，每次发作持续时间很短，且较少会引发恶心、呕吐；也有人怀疑是青光眼，但当病人出现严重头痛时，视力大多已开始恶化，直至失明。在古代是不治之症，曹操倘若患此病，不可能继续在政治或外交上玩手段、纵横调度千里战事。

就颅脑因素而言，脑血管畸形、脑梗死、脑出血等脑血管意外，固然都有可能导致头痛，但这些疾病甚为凶险，一旦发作，往往预后很差，病人时常非死即残，甚至可能等不到第二次发作就两脚一蹬归天了。至于慢性硬膜下血肿的诊断离不开头部受伤史，可惜史籍未有相关记载，缺乏有力的证据。

最后谈一谈脑部肿瘤的可能性，如果是恶性肿瘤（癌），病人能在缺乏有效治疗的情况下存活多年，简直是天方夜谭；如果是良性肿瘤，瘤体在多年时间里必会膨胀增大，脑组织会受到压迫，病人若非无法正常思维，就是无法正常运动；而曹操晚年依然能亲率大军到汉中与刘备一决雌雄，看不出有这类毛病，患脑部肿瘤的可能性也很小。

经过逐步排除,真相逐渐浮出历史的水面。

强人性格,痛之根源

偏头痛(migraine)是一种反复发作的搏动性头疼,是众多头痛类型的"大户"。发作前,部分病人有闪光、视物模糊、眼胀、肢体麻木等先兆,其后头部一侧出现跳动状的疼痛,并逐渐加剧,疼痛通常在一至两小时达到高峰,持续四至六小时或十几个小时,重者甚至历时数天,令人痛不欲生,直到出现恶心、呕吐后,感觉才有所好转。偏头痛的发病机制仍处于讨论之中,目前的观点认为与脑血管异常痉挛和扩张、脑组织缺血和缺氧相关。偏头痛本身不会致死,但多次发作之后,罹患脑血管意外的机会较正常人多。

对比分析,曹操的头痛很可能就是偏头痛,不过偏头痛的诊断有两个基本条件:每个月头痛发作两次以上;每次发作持续时间七至十小时以上。这些资料自然无法在惜墨如金的史书上找到,因此曹操的偏头痛仅是合理的推测。

从史料记载事迹中,还是可以推论发现曹操容易罹患偏头痛的因素。

其一,性格决定命运,也决定健康。流行病学调查发现,精神文明高度发达的城市里文化程度较高的人,更容易患偏头痛,这与他们所承受的精神压力和工作紧张程度有很大关系。在生活中,偏头痛患者经常是争强好胜、脾气急躁、过于追求完美的人。在小说戏剧中,曹操早就被塑造成急功近利、刚愎自用、心胸狭隘、性情暴戾、残暴不仁的丑角,尽管是艺术夸张的手法,但仍是以生活原型为基础的。历史上真实的曹操,脾气肯定好不到哪儿去,从杀华佗一事即可管中窥豹,而当年忌杀孔融已是饱受诟病,屠城纵火更是千夫所指。曹操虽非行伍出身,但统军作战数十年,在战火中屡屡与死神擦肩而过,胜败常有,不可能一点都不沾染军人的刚烈性情;再说,不争强好胜、追求完美的人,怎么可能从势单力薄的小校尉成为削平群雄的魏武王,怎么可能在乱世中异军突起?难道董卓、袁绍、吕布、袁术、张绣等手握重兵的军阀都是清一色任人宰割的饭桶吗?性格有时比智慧、机遇更重要。

其二,心理压力巨大。快节奏的社会环境、生活工作的不顺心、沉重的压力,往往使人的大脑神经异常紧张,甚至导致情绪低落,这是偏头痛的显著诱发因素。戎马生涯中,曹操曾以弱少兵力对抗势大力沉的董卓,结果铩羽而归;又曾在与张绣的战斗中,痛失长子、侄子、爱将;官渡之战,曹操军与袁绍军的兵力对比竟为一比十,最后艰难取胜;赤壁之战,伤亡惨重,一世英名几乎毁于一旦,眼看着大好形势瞬间化为乌有……家庭生活上,儿子曹丕、曹植相煎何急;爱子曹冲聪慧却早夭……擅长玩弄政治的他，身为曹氏集团的灵魂人物，不会随便把喜怒哀乐公诸于世，可以想象多少压力、悲伤、郁闷和苦恼积存在他心中而不能宣泄，很可能未到中年，就已满头华发。

其三，睡眠作息不规律，思虑过多。曹操常年征战，转战大半个中国，鲜有获得良好睡眠、充足休息的机会；后来挟天子以令诸侯，生活日趋稳定，但内政依然复杂多变、风云诡谲，身为丞相，心思时时刻刻准备着与政敌生死对决。此外，作为开一代文风的文学家，"御军三十余年，手不舍书，昼则讲武策，夜则思经传，登高必赋，及造新诗，被之管弦，皆成乐章。"由此可知，为了斗争需要，为了政治目的和兴趣爱好，曹操肯定牺牲了无数的休息时间，身心难以不疲，更易遭致偏头痛的袭击。

其四，天气寒冷也容易诱发偏头痛，其机制可能与自主神经系统功能失调引起的血管舒缩障碍有关。研究发现，在冷环境中，头痛前，双侧颞动脉及分支会痉挛变细，当痉挛达到最大限度时，就转为被动性扩张；进入头痛期时，血流冲击扩张的动脉壁上的痛觉神经末梢，引发头痛。曹操一生活动范围几乎都在北方，征途漫漫，四野茫茫，头部暴露于北方严寒的空气中在所难免，也是罹患偏头痛的原因之一。

在众多易患因素的夹击下，曹操承受着偏头痛带来的阵阵煎熬，用的是坚韧的毅力和乐观的心态，最终得以颐养天年，活到那个年代的高寿六十五岁。

枭雄肚肠，诗人情怀

带着病痛，曹操把战旗从长城插到长江，而他的诗篇却早已飞越崇山天堑，传遍长城内外、大江南北。没有人不知道他残酷冷血，狡诈多端，但没有人厌恶他的诗人情怀，后人看到那位歌以咏志的曹操，他的痛不是来自病体，而是来自战乱年间百姓的苦难，"白骨露于野，千里无鸡鸣。生民百遗一，念之断人肠。"人是最复杂的生物，更何况一代枭雄。

公元二二〇年正月的洛阳，漫天飞雪，寒风凛冽。弥留之际的曹操依然觉得头痛欲裂，然而此刻他最痛心的是国家仍处于分裂之态，而自己却已无扭转乾坤之力！整整一甲子之后，中国才重新获得统一，最终的胜利者却不曹姓，而是司马炎——曹操当年幕僚司马懿之孙。千百年之后，那些雄才大略的君主们早已伴随着帝业灰飞烟灭，只有"月明星稀，乌鹊南飞"的诗句，依旧萦绕在人们心头。

不知曹公慰否？

【注释】

①《三国志·华佗传》载："太祖（曹操）苦头风，每发，心乱目眩，佗针鬲，随手而差。"

②《医林绳墨·头痛》:"浅而近者,名曰头痛;深而远者,名曰头风。头痛卒然而至,易于解散也;头风作止不常,愈后触感复发也。"

远离病榻

有许多因素可诱发偏头痛，在生活起居中应注意避免这些因素对身体的侵袭。

一、注意气候的影响。暴风雨、寒冷、雷声及过度耀眼的阳光等气候变化均可诱发偏头痛发作。应注意避风寒和保暖，不要日晒雨淋。

二、注意睡眠、运动或过劳的影响，保证规律的睡眠，注意劳逸结合，注意眼睛调养。

三、保持室内通风，建议戒烟和不接触二手烟。

四、不要过多食用咖啡、巧克力和动物性脂肪，避免接触酒精。

历代帝王病历表
病历号码：**EMAD0161023**

病人基本资料：

姓　　名：	刘备	身　　份：	**蜀汉昭烈帝**
享　　寿：	62岁	民　　族：	**汉族**
生活区域：	四海为家	生活年代：	**公元161年—223年**
病史摘要：	手、耳异常粗大		

　　自从产生了"皇帝"这个职务之后，"王"便显得有点无足轻重了。那些皇亲国戚大多淹没于历史洪流中。有位王者既没有臭名远播的恶行，也没有惊天动地的伟业，本该早就进入历史"遗忘录"中了，但幸运的是，他的后代出了一位了不起的

人物，于是喜欢读演义的中国人顺带记住了这位王爷之名。这位后人有着汉代皇帝的基因，虽生活在草根阶层，但凭着坚韧的质量和宽大的胸怀最终成功登上皇帝宝座；在其成功之路上，有张特殊的名片令三国时期所有的枭雄羡慕、妒忌、恨——中山靖王刘胜（汉景帝刘启之子、汉武帝同父异母兄弟）之后，这位杰出的后代名刘备，字玄德。

天生异相，君权渲染

从遗传基因学的角度来说，刘备是否肯定是汉室宗亲已无可考。但这张名片对他的发迹没有决定性作用，只有作为与曹操、孙氏父子、袁氏弟兄等人分庭抗礼的一方诸侯时，才凸显出独一无二的价值。试想，从高祖刘邦一统天下到蚁民刘备呱呱坠地，历史的滚滚车轮已跨过了四百年。汉朝宗室贵族们唯恐子嗣不茂，压根就没有计划生育的概念，于是刘姓子孙的人数呈倍数级增加，到了刘备这一代，何止千千万万？光是刘备的直系祖先刘胜，司马迁在《史记·五宗世家》中的评价是"胜为人乐酒好内，有子枝属百二十余人"，真可荣获育儿冠军！他其中一个不起眼的庶子在今河北一带繁衍生息，七八代之后，家道已彻底败落，俨然与普通人家无异了；于是刘备初尝人间烟火时，也只能靠"贩履织席"过日子了。

刘备这位"不甚乐读书，喜狗马、音乐、美衣服"的破落子弟，究竟凭借什么在而立之年组织成一股势力呢？除了靠豪侠仗义和"弘毅宽厚，知人待士"积攒了人脉资源外，还有一种天生的资源——生有异相！

翻开史书，那些开国皇帝或一代雄主的相貌或奇伟或怪异，甚至诞生时都有荒诞不经的故事相随。比如，刘邦"隆准而龙颜，美须髯，左股有七十二黑子"，被誉为帝王之相；舜和项羽都长着"重瞳子"等，当然这都是史家的马后炮而已，试问史家们何曾有幸与这些贵人们谋面？无非是用极其夸张的手法营造神秘主义的气息，宣扬天命论、血统论的思想，渲染君权神授的氛围罢了。可大多数古人对此深信不疑，常把长有异相之人高看一眼，甚至青睐之、依附之。

刘备到底长着一副啥模样？

一场误诊，疑点重重

《三国志·蜀志·先主传》介绍刘备的外貌特征："身长七尺五寸，垂手下膝，顾自见其耳。"作者陈寿以治史严谨著称，《三国志》言简意赅，可信之余稍显乏味。关、张、赵、马那些精彩演出有的不见踪影，有的一笔带过。陈寿生长、初仕于蜀汉，作为史学家，应较容易取得刘备等人的第一手资料。他著书立说时，蜀汉已亡，由蜀入晋，在司马氏淫威下，更无需刻意粉饰，《三国志》关于刘备体貌的描写基本上是可靠的，但略有夸张在所难免。

闭上双眼，脑波穿越于历史时空。刘备的帝王之相跃然纸上——身材高大、四肢修长的"蜘蛛人"！和医学上的"马凡氏综合征"（Marfan's syndrome）何其相似？这是一种遗传性疾病，患病特征为四肢、手指、脚趾细长不匀称，身高明显超出常人，常伴有其他器官的异常。再仔细推敲，笔者觉得这种推测其实疑点重重，难以自圆其说。

其一，刘备真的身材魁梧吗？汉代一尺等于现在23.1公分，一寸等于2.31公分，刘备身高七尺五寸，约为172公分。这样的身高不仅在颇具燕赵之风的河北大汉中连平庸都算不上。马凡氏综合征患者平均身高可达一百八十公分左右，刘备在这方面是未达标。

其二，刘备的手长过膝可能是手掌、手指粗大的溢美说法，不一定真的像病人一样，畸形地冒出两条细长猿臂。在古代文献中，帝王身份的人被称为"手长过膝"的居然比比皆是：后燕皇帝慕容垂、西魏太祖宇文泰……统一三国的司马炎也能"立发委地，手垂过膝"。如果这些风云人物都是脆弱的马凡氏综合征患者，中国历史就成了一部病夫史了。

其三，马凡氏综合征患者经常并发眼疾，如晶体状脱位、高度近视、白内障、视网膜剥离等，极容易导致视力受损甚至病残；更可怕的是，这些患者还容易伴有先天性心血管畸形，比如主动脉瘤，不治疗非常容易死亡。目前国外调查显示，有三分之一马凡氏综合征病人死于三十二岁以前，三分之二死于五十岁左右，更有研究者统计出病患的平均年龄仅四十岁。反观刘备一生，纵横战场和政坛，一辈子东征西讨，年近半百尚且披坚执锐、亲冒矢石，马背上三分天下有其一，花甲之年尚能御驾亲征东吴。这样的枭雄很难想象是个视力衰退、弱不禁风的虚弱政客。而且刘备是以当时高寿之龄六十二岁撒手人寰，其子刘禅（被俘后在晋国乐不思蜀的阿斗）竟然活到了六十四岁呢！更说明刘备家族患有这种遗传疾病的可能性很小。

据此分析，刘备不大可能是马凡氏综合征的患者。

因祸得福，开创史诗

掌大指粗的刘备还有个特征不容忽视，就是"顾自见其耳"——耳朵很大。

在历代帝王形貌中仅此一例，几乎成了刘备的专利。[1]综合来看，刘备可能患有肢端肥大症（acromegaly），一种由于脑垂体细胞腺瘤分泌生长激素过多，引起软组织、骨骼及内脏增生肥大的疾病，主要表现为手脚增大、颧骨凸出、额头变宽、皮肤增厚、双耳变大等。当疾病发展到一定程度后，会出现高血压、心脏肥大、糖尿病等并发症，从而缩短患者寿命，影响生活质量。分泌生长激素过多，倘若发生在骨骺闭合之前的儿童期、青春期，则会引起巨人症；在骨骺闭合之后，就导致肢端肥大症。

　　刘备在青少年时代也许大致是健康的，但当时他实在太普通了，既无家财又没实力，以至于在灵帝末年的社会剧烈变动中，显得默默无闻。奇怪之事却慢慢发生了，刘备发现自己的面部皮肤莫名其妙地变粗了，别人说他的脸型也变了，耳朵变大、鼻翼增厚，鼻孔变粗、嘴唇外翻，手脚变大了。他是制鞋匠，发现脚尺码比原先大了很多，双脚穿不进旧鞋里；出外学习一年后回到家，母亲竟然不认识自己的儿子了。

　　一开始，刘备也怀疑自己得了怪病，内心极其苦闷，甚至有点自卑，更少说话了。但有一天，两位在河北涿郡贩马的巨商发现了刘备的异常长相，他们根据相学大胆做出鉴定：此乃贵人也！如同战国商业才子、政治流氓吕不韦，喜欢投机的商人也试图奇货可居，"见而异之，乃多与之金财"。很可惜，尽管刘备日后的确在业绩上远超落魄赵国的公子嬴异人（子楚），但这两位老兄，在历史长河里仅闪露一面便永远消失了，或许时运不济，或许技不如人。但这笔投资毕竟给刘备带来了人生第一桶金，好像有点不劳而获，但聚众发迹的机会来了！在神秘的家世名片之外，刘备又意识到自己的长相同样是张金字招牌。

　　刘备不知道此时自己的脑袋里有个称为垂体的小器官长了一个小瘤子，里面正分泌出超乎常人所需的生长激素量。如果这病早十几年出现，他就可能变成一个足以让"力拔山兮气盖世"的项羽都自卑的超级巨人了。现在生长激素虽无助于长高，却使得他脸部变形、手指粗大。这种病来得急了点，大多数人都是中年得病，而他三十岁左右就碰上了。

祸兮福之所倚，福兮祸之所伏。随后的乱世征战中，刘备一步一脚印地朝着目标艰难爬行，愈来愈多人因他的体貌、作风和家世走近、靠近、帮助他，但他也明显感觉到自己的精力不足，疲劳经常困扰着他，有时注意力很难集中，甚至骑马和挥剑都慢慢觉得不那么利落。这也许是他早年事业进步不快的原因之一，几乎同时出道的公孙瓒、孙策等人都已割据一方了，他还处在曹操、吕布、袁绍的夹击下；十多年来，时而投靠他人，时而另起炉灶，时而仓皇奔逃。刘备那时留不住多少基业，留下的只有一身疲惫，好不容易被荆州刘表收留，过了几年安逸日子。想起远祖汉景帝另一个儿子——长沙定王刘发的血脉出了东汉开国皇帝刘秀，真正做到了匡复汉室，不甘居于人下的刘备惭愧万分，以至于上厕所时发现"髀里肉生，慨然流涕"。髀肉指的是大腿内侧靠近根部之肉，他认为是自己好几年不骑马征战，懈怠了、发福了，事业发展遇到了瓶颈，不该长肉的地方都变胖了。殊不知这是肢端肥大症病情发展的表现之一。中年人过着安逸舒适的日子，首先长胖的地方应是腹部，刘备早该在洗澡、更衣时就因看见"将军肚"而慨然流涕了，何至于到了脱裤子时才慨叹大腿胖了。有着神圣使命感和事业心的刘备，精神上是苦恼的、焦躁的,心理上则依旧充满希望,没有真正懈怠,眼睛仍然敏锐地扫射着身边可捕捉的机会和暗藏的杀机。

转机终于出现了,其后他三顾茅庐、火烧新野、转战长阪、陈兵赤壁、分占荆州、西征蜀地、独领汉中、建国称帝,终于一步步迈向事业的巅峰,虽然不能与刘秀的统一大业相提并论,但毕竟对强敌环伺、根基薄弱、命运多舛而机权谋略稍逊的刘备而言,已是很不容易、很了不起了! 他很可能是个肢端肥大症病人,应该感谢这个疾病带来了神圣的命运暗示,而疾病的缓慢进展也没有在短时间内夺走这个百折不挠的生命,扼杀一部绝妙的英雄史诗。刘备最终兵败猇亭,"创业未半而中道崩殂",最终含恨死于什么疾病无可考,也许是心脏病,也许是糖尿病,也许好几种疾病一起爆发,不管怎么样,这颗顽强的心脏在病损之躯跳动了足足六十二年。

他山之石,可以攻错

一个有志向的人可算是贤人;一个有志向并有能力的人可算是达人;一个有志向、有能力并锲而不舍的人可算是圣人;一个有志向、有能力、有恒心并能在疾病困扰中奋勇向前的人,可不可以算是伟人呢? 刘备长着奇异体貌只是个人生契机,那张家世名片实际上也只是微薄的政治资本,很多豪杰不缺类似的东西,项羽就是其中一个。而真正笑到最后的成功人士,不可缺少的是一颗强大的心。

【注释】

①《三国演义》中吕布的一句遗言更使刘备大耳之名扬天下:"大耳儿! 不记辕门射戟时耶?"

远离病榻

　　肢端肥大症起病隐匿,缓慢进展,半数患者诊断时,病程已在五年以上,最长者可超过三十年。患者的临床表现主要决定于脑部垂体瘤本身大小、发展速度、生长激素分泌状况,以及对正常垂体组织压迫的影响。临床上,头颅MRI可协助诊断。大部分垂体生长激素腺瘤的治疗首选腺瘤切除,而巨大的腺瘤可能已侵犯周围组织,手术即使不能完全切除肿瘤,也可降低肿瘤负荷,同时使用辅助治疗措施,如放射治疗、药物治疗或二者联用,以争取最佳效果。

历代帝王病历表
病历号码：EMAD0382024

病人基本资料：

姓　名：	司马德宗	身　份：	晋安帝
享　年：	37岁	民　族：	汉族
生活区域：	江苏南京	生活年代：	公元382年—419年
病史摘要：	自幼无言语功能，生活不能自理		

　　帝王也是人，是人就有智力高低之分。如果说康熙帝聪明绝顶，自然也有某位皇帝愚不可及。说起"白痴"皇帝，多数人可能会不假思索地说出晋惠帝司马衷，其实这个答案是值得商榷的。惠帝大名如雷贯耳，只因有两个世人皆知的笑话，一是

不知蛤蟆鸣叫是为了公家还是私家；二是不明白饥荒时节，老百姓为何饿死而不吃肉糜。他不懂就算了，还大声发问，终成千古笑柄。

平心而论，惠帝虽然不慧，有昏庸、无能的一面，但他能说会写，待人接物、生活自理并无大问题，充其量只是智商低了点，再加上从小极少接触社会，不了解社会现实，不体恤黎民苍生罢了，并不是真正的白痴。哪位皇帝才是货真价实的白痴呢？

还是司马家族的人！不过不是西晋皇帝，而是一位偏安一隅的东晋皇帝——安帝司马德宗。西晋惠帝是司马懿次子司马昭之孙，东晋安帝是司马懿第五子的后人。两晋更迭，一个接近犯傻，一个绝对痴呆，不知道智商过人、权谋机略不输孔明曹操的两晋奠基人司马懿若泉下有知，该做何感想，恐怕要气得吐血，再死一回吧。

痴呆当国，生灵涂炭

晋安帝是东晋的第十位皇帝，继位时东晋皇权早已江河日下，朝外的将军实际上已自立，不受君命；朝内的权臣目中无人、自作主张。在多事之秋，白痴帝王掌权，国家理所当然陷入无休止的战乱和苦难之中了。

关于安帝的症状，各种史籍的记载如出一辙。①从小到大，

　　从生至死，安帝不会说话，不知饥饱，不辨寒暑，吃喝拉撒一概无法自理，大小事务全依赖别人照料，说不定一下子疏忽了，两行鼻涕就会"飞流直下三千尺"。他只活了三十七岁，无儿无女，是真正意义上的"白痴皇帝"。鲁钝的晋惠帝相较这位同族曾侄孙也只能望尘莫及，历代昏君更无人能出其右。

　　安帝是孝武帝司马曜之子。孝武帝只有两子：长子为司马德宗，幼子为司马德文。安帝比弟弟司马德文大四岁，当德文开始蹒跚学步、牙牙学语时，六岁的安帝仍不会说话。孝武帝明知他低能，智力远不及弟弟，不能担当重任，但死守着"立长"的传统皇位继承制，仍咬着牙传位于司马德宗——安帝，从此便揭开了他屈辱的悲剧人生。

　　在大臣眼里，作为符号和象征的安帝仅是个酒囊饭袋，他头上那顶皇帝冠冕总惹人垂涎，他即位后成了权臣们把持朝政的挡箭牌和争权夺利的护身符。朝政大权先后旁落在司马道子、司马元显、桓玄和刘裕之手。江南半壁江山在这些人你争我夺、尔虞我诈的斗法下，战火连绵、生灵涂炭，直到刘裕最后突围而出，修成正果，而东晋最后的一丝生机也随之而去了。不久，安帝在刘裕手中不明不白地死去，从这个不属于他的世界中彻底解脱了。我们无权嘲笑有智力障碍的病人是废物，但当他被推到国家领导阶级金字塔的顶端时，当他无法履行使命时，历史会很无情地宣判他是个废物。

精神迟滞，病出有因

从现代医学的角度看，安帝患有精神发育迟滞（mental retardation），是指个体在发育阶段（通常指十八岁以前），由生物学因素或心理社会因素引起，以智力发育不全和社会适应困难为主要特征的一组综合征。

与之比较可知，晋惠帝与晋安帝不是同一疾病的患者，惠帝的社会适应能力不算太差。社会适应能力是人类适应日常生活、工作、家庭、社会等各方面要求所需具备的能力，包括日常生活的技能、独立生活和自给自足的能力、社会交往的技能等。惠帝对外界的感官能力是正常的，具有常人的真挚情感，如开国元勋陈骞去世，"及葬，帝于大司马门临丧，望柩流涕"；被劫持到长安后，野心勃勃的司马颙率领官属步骑迎于霸上"拜谒"，"帝下车止之"；在宗室争权夺利的混战中，人为刀俎，他为鱼肉，竟能处乱不惊，还能对臣下谦恭礼让，说明他不但不呆，而且很识时务。

惠帝虽然书读得很不好，文化知识很有限，但可依样画葫芦地把臣属预先准备好的考试答案"书之"，再交给父亲晋武帝司马炎过目，虽属蒙混过关，但看出此人识字、写字不成问题，绝非白痴所能为。另外，他子女众多，生有"幼而聪慧"的太子司马遹，一点不良的遗传痕迹都没有。再说，晋武帝司马炎雄才大略，和昏庸无能的孝武帝司马曜有天壤之别，且有超过二十个儿子，不至于冒险传位于白痴儿子，白白葬送祖父、父亲和伯父辛辛苦苦打下的江山。

　　精神发育迟滞的具体病因有哪些呢？为何贵为太子的司马德宗会不幸染病呢？一般来说，病因有心理社会因素和生物学因素。

　　先说心理社会因素，指的是因贫穷、遗弃或被忽视、虐待而导致儿童早年与社会严重隔离、缺乏适当的环境刺激、缺乏文化教育机会等，从而导致精神发育迟滞，"狼孩"就是这一因素的典型代表。安帝从小长于宫中，并被父亲当成合法继承人来培养，虽然皇室没落，但依然是天潢贵胄，生活质量和受教育的机会是一般老百姓徒可艳羡的，因此该因素可一票否决。

　　再说生物学因素，里面包括产前、产时和产后因素。产时因素指的是分娩时婴儿颅内出血、窒息、缺氧等；产后因素指的是小孩出生后中枢神经系统受感染、中毒、外伤和严重营养不良等，造成的后遗症都是极其严重的，但上述细节都没有史实依据。而产前因素主要包括两方面。一是家族遗传因素，即父母家族基因里存在畸变，包括唐氏综合征和苯丙酮尿症等。可是司马家族在此之前没有这样的病人，安帝母亲陈氏生育的第二个儿子司马德文，其智能完全正常且行为举止十分得体。此外，史书也没有记载安帝容貌有何特殊之处，又和唐氏综合征等疾病患者具备的奇形怪貌无吻合之处，所以安帝不像是遗传得病。

现在只剩下最后一种可能，即母体在妊娠期受到有害因素的影响，有害影响主要是射线、药物（特别是西药）、缺乏必需营养素、母亲患病、感染寄生虫或病毒、细菌等。这一大堆影响若非没有史实依据，就是压根儿没出现在古代社会，但现代医学证明确有一样东西能致病，就是酒精，尽管不一定是怀孕的母亲喝的。

酒可乱性，亦可乱精

在孝武帝、安帝父子同一时代、同一国度里，生活着一位落魄的诗人、多产的父亲。某年秋天的一个傍晚，这位田园诗人喝着小酒，在自家小院里闲逛，看到东面的篱笆墙边开出了艳黄的菊花，亮丽的色彩把庭院装点得生意盎然；沉醉于菊花之美的瞬间，又不经意地抬头看见了黛青幽隐的山麓，于是感慨来了一句"采菊东篱下，悠然见南山"！

然而，他那五个健壮的孩子此时正在做什么？是模仿父亲吟诗作对？还是奋笔疾书、手不释卷？都不是！他们只能傻乎乎地吃喝玩乐，无所作为。面对众子的不成器，诗人五十一岁时曾作《责子》诗一首："白发被两鬓，肌肤不复实。虽有五男儿，总不好纸笔。阿舒已二八，懒惰故无匹。阿宣行志学，而不好文术。雍端年十三,不识六与七。通子垂九龄,但觅枣与栗。"诗虽是谐戏之作,却透露了悲惨的讯息:五个儿子的智力都很低下,在成才之路上全军覆没!

这位才华横溢的诗人写了不少传诵千古的篇章,他平生淡泊名利,耻为五斗米折腰,辞官归隐,性格清高耿直,可为什么儿子们一点优良基因都没遗传到呢? 现代医学研究发现,慢性酒精中毒会破坏正常人的遗传密码,给后代留下永久的创伤,嗜酒成癖者的后代容易出现各种心理或生理失常。这位诗人一生溺酒,自传《五柳先生传》中说,"性嗜酒","造饮辄尽,期在必醉"。他是悲剧的始作俑者,不负责任的丈夫和父亲,被真相蒙在鼓里,在诅咒了天意之后,又忙着品尝美酒去了。②

遗憾的是,古人完全不了解这一切。东晋安帝的父亲孝武帝司马曜又是怎样的状态?《魏书·卷九十六》毫不客气地记载:"嗜酒好内……耽于酒色,末年,殆为长夜之饮,醒治既少,外人罕得接见,故多居内殿,流连于樽俎之间。"这位老兄任内发生过震惊中国历史的"淝水之战",东晋军民、君臣团结一致,击败强秦,国家似有中兴之望;然而,嗜酒的恶习毁掉了国家的前程,毁掉了他的后代,更毁掉了他自己。在酒精长年累月地侵蚀毒害下,孝武帝无心无力理政,国运每况愈下;自身生育能力也下滑得厉害,不仅生子寥寥无几,而且生出了白痴安帝;更悲哀可笑的是,生命的最后一晚,竟因醉酒开了侍寝的张贵人一个致命的玩笑："你年老色衰，信不信我废了你？"盛怒的张贵人居然拿被子把他活活闷死了。明代名医张景岳在《景岳全书》中明确指出："酒可乱性，亦可乱精。"酒既可使性能力紊乱失调，又因酒性湿热，可导致生精功能紊乱，影响优生。张景岳因此力主戒酒，认为多饮不如少饮，少饮不如不饮。

双亲酗酒，遗害后代

嗜酒如何影响了安帝这颗受精卵呢？

当育龄夫妇大量饮酒后，酒精短时间内被吸收进入血液循环，对全身各系统组织都构成较大的伤害，而生殖细胞（包括精子和卵子）对一些化学物质（如酒精、棉酚等）的刺激特别敏感；酒精又容易损害男性睾丸的间质细胞，使其制造的精子畸形。受到酒精毒害的生殖细胞结合形成受精卵后，其生长发育往往不够正常，这种情况下孕育的胎儿，大多智力低下、呆笨，甚至成为白痴。

更有甚者，过量酒精还会使生殖细胞染色体结构或数目发生不利变化，这种畸变的生殖细胞结合后，就会把异常的遗传基因传给后代，引起胎儿"酒精中毒综合征"。患儿表现为生长迟缓、中枢神经系统发育障碍，甚至可能出现特殊面容：头小、前额突、眼裂小、心脏及四肢畸形等。

孝武帝很可能就是因为酗酒，全身血液都浸泡在"杜康"

之中,使得自身的精子畸形,继而累及了无辜的孩子;而安帝由于自身的生殖细胞天生畸形,所以不能生育后代,一生无后,这些不良基因因此没能传下去,不知道是悲哀还是幸运。反倒是他的弟弟司马德文智力正常,应变能力不错,后来居然能登基坐殿,可惜只是个有名无实的皇帝,在改朝换代的声浪中最终被淹没,不得不让位给刘裕,从此开始了南朝的刘宋政权。

酗酒会造成后代患病,虽是几率大小的问题,不是绝对的,但不能因此抱有侥幸心理。

酒之功过,操之在人

《汉书·食货志》称酒是"百药之长,嘉会之好";《周礼》说:"酒所以养老也,所以养病也。"由此可知酒在中国人的文化中占有十分重要的地位,本具有正面的意义,而适量饮酒本身也有一定的益处,但凡事适可而止,过犹不及,喝酒亦然。

酗酒对身体健康有着极严重的危害,生殖细胞受损,只是冰山一角。如果陶渊明的酗酒,伤害的只是他的家庭和后代,证明他是个不及格的丈夫和父亲的话,那么孝武帝的酗酒,伤害的则是他的国家和人民,证明他更是个不及格、不称职的统治者。

安帝在风云诡谲的尘世间,在冷嘲热讽的唾沫中屈辱地、无聊地、不知所谓地逛了一圈,重新化为一抔土,悄无声息;只有分崩离析的皇权和生活在水深火热中的南方人民,依旧垂死挣扎。是时候该变天了,躲在龙椅背后的刘裕大将军得意地发出一丝狡黠的狞笑;活在天堂或者地狱里的司马懿老爷子,只能无奈地发出一声悲凉的叹息。

【注释】

① 《晋书·安帝本纪》载:"帝不惠,自少及长,口不能言,虽寒暑之变,无以辨也。凡所动止,皆非己出。"《资治通鉴》称其"寒暑饥饱亦不能辨,饮食寝兴皆非己出";《续晋阳秋》又称"起居动止不自己出……(弟弟德文)每侍左右,消息凉温饥饱之中,而恭谨备焉"。

② 陶渊明《责子》诗:"天运苟如此,且进杯中物。"

远离病榻

　　酒是柄双刃剑，少饮时是健康之友，多饮时是罪魁祸首。酗酒不仅影响自己的健康，还会殃及后代，从优生学的观点看，有生育计划的夫妇应尽量少接触酒精，否则因酒精危害，生下低能儿、畸形儿，为家庭带来不幸和忧烦的气氛，甚至还会把患病基因继续遗传给下一代子孙，可说是后患无穷。饮酒浅尝辄止，量力而行，勿快意强饮，勿各酒混搭，切忌借酒浇愁。

走
火
入
魔

——
性
如
烈
火
的
唐
宪
宗

历代帝王病历表
病历号码：EMAD0778025

病人基本资料：

姓　名： 李纯	**身　份：** 唐宪宗
享　年： 42岁	**民　族：** 汉族
生活区域： 陕西西安	**生活年代：** 公元778年—820年
病史摘要： 脾气异常暴躁		

　　唐宪宗李纯是中唐时期赫赫有名的君主，是唐顺宗李诵的长子。顺宗的"永贞革新"触犯了各政治集团的利益，遭到联合逼宫而被迫退位，李纯积极参与了这次事件，并借机登上帝位。这位依靠宦官拥立和发动宫廷政变而迅速取得最高权力

的皇帝，一登基就大显身手，勤于政事，不耽享乐，重用韩愈、白居易、裴度等才华出众、品德高尚的名臣，颓废的中唐景象开始焕然一新。

做了十五年皇帝的唐宪宗抓住历史机遇，取得了非凡的成就。他最大的功绩是平定藩镇，杀西川刘辟、斩夏绥杨惠琳、平镇海李琦、招魏博田兴、讨成德王承宗、伐淮西吴元济、灭缁青李师道，加强了中央集权，使全国形式上重新得到统一，结束了自"安史之乱"以来各地割据藩镇专横跋扈、擅自任免官吏、对朝廷不纳贡赋的局面，史称"元和中兴"。

然而，唐宪宗未能善始善终，年富力强的他听信谗言，并热衷服用丹药，荒唐地追求长生不老，最终被一出诡秘的宫廷阴谋提早结束了有为的生命。

仙丹危害，暴虐丧身

专制时代，封建帝王们虽然高高在上，威风八面，但终有一死，这是自然规律，谁也不能例外。很多皇帝非常忌讳"死"字，幻想能永霸龙椅；于是长生不老成了他们的梦寐以求。为了延长寿命，甚至战胜死神，这些帝王往往不遗余力地寻找灵丹妙药，以长期服用。

唐宪宗虽然素有大志，要实现大唐复兴，并为此孜孜以求，但他也是传统帝王，渴望长生不老。他的个性十分倔强，政治上意志坚定,生活上也异常固执。八一九年(元和十四年)二月,大军阀李师道被部下杀死,朝廷收复了淄青十二州。淄青镇灭亡代表着元和时代"削藩战争"顺利结束,大唐帝国重振雄风。不过自古以来,暂时成功往往是彻底失败的温床,正如谏议大夫武儒衡在奏疏里警告的,"大功之后,逸欲易生!"志得意满的唐宪宗不久便开始在私事上恣意妄为。

　　早在八一〇年(元和五年),宦官张惟则从海路出使新罗,回来后讲述了神奇的故事:在一座孤岛上,偶然遇到一位神仙,神仙告诉他"唐朝皇帝乃吾友也,烦请传语"云云。张惟则说得天花乱坠,唐宪宗听后深信不疑:"吾前生岂非仙人?"从此就不断地下诏,搜求天下方士,遍访长生不老的丹药。《旧唐书·列传第八十五》记载:民间方士柳泌"少习医术,言多诞妄",向唐宪宗吹嘘说台州天台山是座仙山,山里有很多奇花异草,如果让他去那里任职,一定能为皇帝求得仙药。唐宪宗求药心切,居然不顾大臣反对,声称"烦一郡之力而致神仙长年,臣子于君父何爱焉!"一意孤行地命他担任署理台州刺史。

　　后来,柳泌自称炼出了"仙丹",并进献给皇帝,利令智昏的宪宗大喜过望,马上进服,并坚持不懈。天长日久,逐渐变得口渴难耐、脾气暴躁;一服药,身边的人就倒霉。到了公元八一九年,他已服了许多丹药,性情变得更为暴戾,有时神志不清,有时又狂怒得像头猛虎,身边的宦官、宫女动不动就被无故责骂、殴打,甚至被推出去斩首,皇宫里人人自危,众宦官天天提防着灭顶之灾,日子过得心惊胆战;最后,宦官们觉得皇帝如果再继续服用这些丹药,他们连小命也保不住了,在野心勃勃的皇后和太子怂恿下,宦官杀心大起。①

八二○年(元和十五年)正月,"上崩于大明宫之中和殿,享年四十三。时以暴崩,皆言内官陈弘志弑逆,史氏讳而不书"。曾经英明神武的唐宪宗不明不白地死于名叫陈弘志的宦官手上,匆匆告别了一心想大展宏图的历史舞台。

慢性中毒,心智失常

尽管唐宪宗死于宦官的以暴易暴,并非直接死于丹药的毒性,但丹药在他行为失常、死于非命的凄惨下场中扮演了极重要的角色。

中国皇室文化从来都离不开丹药。丹药起源于道教炼丹术。古代中国最发达的时期——唐朝,皇室成员也没有破除丹药迷信,李唐王朝出于政治需要,将道教祖师老子李聃尊为皇室祖先,亦把道教炼制丹药活动推到登峰造极的地步。由于皇室对炼丹、服丹的过度吹捧,唐朝也成了帝王之家遭受丹药毒害最为严重的朝代。浩浩大唐,先后竟有六位皇帝之死与丹药不无关系,分别是初唐的太宗、中唐的宪宗、穆宗、敬宗和晚唐的武宗、宣宗。

唐太宗虽打造了当时世界上最强大的帝国,但对小小丹药的致命作用却始料未及,晚年因健康状况不佳,竟将天竺方士引为座上宾,病中服下洋方士炼制的丹药,不料病情加剧,暴疾而亡,终年仅五十岁。

他的后代子孙屡屡重蹈覆辙,唐宪宗即为典型例子。尽管大臣极力提醒"金石含酷烈之性,加烧炼则火毒难制",甚至大声疾呼:"文皇帝(唐太宗)服胡僧长生药,遂致暴疾不救!"然而,唐宪宗和他的子孙们仍旧执迷不悟。

唐代之后的明代嘉靖帝和清代雍正帝也没有从历史中吸取教训,结果身心健康严重受损,前者激化了宫廷矛盾,后者加快了死亡进程,为追求虚无缥缈的梦想而倒霉透顶的帝王,真是前仆后继!

自从进服丹药之后,唐宪宗"日加燥渴",脾气愈来愈差,暴力倾向愈来愈明显,终至不可收拾,他的经历与另一位帝王颇有相似之处。

唐朝建立之前,中国北方地区存在过一个强大的政权,就是北魏。道武帝拓跋珪是北魏开国皇帝,雄才大略,纵横披靡,为建立王朝立下了不世之功;但他三十多岁便迷信道教,妄想长生不老,长期服"寒食散",终致中毒。《魏书·帝纪第二·太祖纪》记载:他或是数日不食,或是通宵不眠,或是哭笑不定,或是自言自语,好像与鬼神争辩;又时常忧虑、烦躁,喜怒无常,对下属疑神疑鬼，对前来奏事的朝臣一想起其以往的过失便下令杀戮。朝臣稍有表情异常、呼吸急促、言辞欠妥，乃至走路速度快慢不均，他都怀恨在心，甚至亲手殴击，死者被陈尸殿前。又据逸史记载，他乘辇车出游时，常用剑砍击车夫脑袋，砍死即换，有时一天砍死数十人，闹得朝堂人心惶惶，风声鹤唳。最后，这位老兄也死于宫廷谋杀，享年不到四十岁。

这些导致帝王们心智异常，甚至命丧黄泉的丹药，究竟是什么东西呢？

渴求长生，误入歧途

公元一九七〇年，中国考古学家在唐代京都长安——今西安附近挖掘出两坛唐代窖藏的宝物，据查证是唐玄宗的堂兄李守礼埋在地下的东西，药方上开列着朱砂、密陀僧、琥珀、珊瑚、乳石、石英等物品，炼丹的重要原料便是朱砂，而朱砂主要由硫化汞组成，汞即水银，是典型的重金属；历史上最著名的炼丹家——葛洪认为"寒食散"也含有大量朱砂。

中国是最早出现炼丹术的国家，早在战国末期，燕、齐等国就兴起神仙说。《史记·封禅书》记载：西汉时期的炼丹家李少君曾向汉武帝刘彻进言："丹砂可化为黄金，黄金成，以为饮食器则益寿，益寿而海中蓬莱仙者可见。"到了东汉，炼丹术进一步发展并与新兴的道教充分结合，借用道教关于长生、成仙等宗教理论，使炼丹术获得了更深厚的发展基础。到了唐代，炼丹术开展得如火如荼，随之而来的服食丹药中毒致死现象亦趋严重。

清朝雍正帝向来对道家丹药很感兴趣，早年曾作《烧丹》诗云："铅砂和药物，松柏绕云坛。炉运阴阳火，功兼内外丹。"登基后，他访求仙人方士，服食道士炼制的"既济丹"，后又亲自在圆明园指挥烧炼丹药。根据清宫《活计档》的记录，他死前五十九个月内，内务府共计奉旨传用炼丹物品达七次，包括四十多万斤煤炭，以及朱砂、红铜、黑铅、硫黄等炼丹常用矿产品，他的死与丹药中毒密切相关。

古人对朱砂等重金属药物情有独钟，主要因为中国古代医学与炼丹不分家，对朱砂存在误解。

古代名医炼制丹药的理论依据是"假求外物以自坚固"。他们认为人是脆弱的，要长生不老，必须找一种不朽、无变化、具有稳定性的药物作为支撑；而用铅砂、硫黄、水银等天然矿物炼制的金丹，入火百炼不消，入土千年不朽，入水万年不腐，如果能被人体吸收，就能产生坚固人体的作用。中医将朱砂用于安神、镇惊和延年益寿[2]，但随着临床实践深入，《本草备要》《本草从新》等古籍已出现了朱砂致人痴呆等中毒症状的记载。某些医家也意识到这些重金属中毒的危害，但是这些认识无法撼动和改变长期以来统治者对丹砂等"药物"根深蒂固的偏爱。

中国传统医学是透过长期经验积累而逐步形成，而经验积累又是反复试验的过程；皇帝们服用丹药，某种程度上是方术之士拿"龙体"做试验。从这个意义上来说，他们服药后发病甚至死亡，对提高古人的医学认知水平还是产生了一定的作用，但就延年益寿的效果而言，则是误入歧途、完全失败。

富含金属汞的丹药，到底是怎样令唐宪宗精神失常的呢？

毒力攻脑，神经损伤

汞中毒分急性中毒和慢性中毒，急性汞中毒为金属汞或汞化物短时间由呼吸道或消化道大量进入体内造成，数小时至数日内出现头晕、全身乏力、发热、腹痛、腹泻等症状，严重时可导致急性肺水肿和急性肾衰竭，甚至致死；但慢性汞中毒更为常见，损害消化系统及神经系统，患者口内有金属味，伴有流涎、牙痛，以及齿龈出血、嗜睡、头痛、焦躁、记忆力减退等状况，手指、舌头也可能出现震颤。唐宪宗性如烈火，因为长期摄入过量的汞，导致慢性汞中毒的神经系统损害（neurological injuries after chronic mercury intoxication）。

汞及其化合物具有很强毒性，其攻击目标包括神经、呼吸、消化、血液及皮肤等系统。慢性汞中毒造成的脏器损伤，个体间差异明显，表现出不同的临床特征。尤其可怕的是汞具有神经毒性，危害十分严重：对胎儿会导致脑发育不良，严重影响脑功能,出现小头畸形、脑瘫、癫痫、智能障碍等持久性伤害;成人的慢性汞中毒可同时或单独侵犯中枢及周围神经系统,中枢神经系统损伤,主要表现为精神、行为异常,还有智力下降、动作不协调、语言障碍、听力及视力障碍,突出表现为兴奋、激动、失眠、焦虑和记忆力下降,部分患者甚至出现乱语、自知力缺失和生活不能自理等情况,唐宪宗的中毒表现与这些症状是吻合的。

关于汞中毒所致神经系统损伤的发生机制,研究者认为与神经细胞凋亡有关。神经系统的损害具有不可逆性,即使给予驱汞治疗,如果部分神经组织已发生了不可逆的坏死,则神经系统的症状往往难以完全缓解,因此早期诊断、及时治疗非常关键。可悲的是,唐宪宗连服丹药致病都一无所知,治疗更属无稽之谈,就只能一步步滑进死亡的深渊了。

企求不死,乃致速亡

唐宪宗去世了,带走了大唐王朝最后一缕霞光。他的长生策略是彻头彻尾的败笔,正如韩愈所说:"企不死乃速得死。"归根结底,这些帝王不知道健康的根本在于科学、合理的生活方式,不能单纯透过服药强行获得长寿,挑战人体的生理极限。如同违规运动员偷用兴奋剂骗取好成绩一样,终究要付出肉体和精神上惨重的代价。在古代,并非所有人都对丹药之类的"长生法宝"顶礼膜拜,唐代药王孙思邈就曾呼吁:"遇此方,即须焚之,勿久留也!"这位药王活了一百多岁。

政治上,唐宪宗犯的是同样错误。没有对藩镇割据的局面有清晰的认识,只是一味依靠武力削藩,虽然暂时取得了胜利,但胜利的果实并没有长久地掌握在朝廷手里。一代英主唐宪宗尸骨未寒,河北三镇再次叛乱。这次,藩镇割据的局面一发不可收拾,苟延残喘的大唐从此分崩离析,战乱连绵,帝国再也没能统一。直到宋朝建立,中国才再次迎来大一统的局面,那是公元九六〇年,距离唐宪宗离世,整整经过一百四十年漫漫艰辛路。

【注释】

① 《旧唐书·列传第八十五》:"宪宗服泌药,日益烦躁,喜怒不常,内官惧非罪见戮,遂为弑逆。"

② 《神农本草经》曰:"朱砂主身体五脏百病,养精神、安魂魄,益气明目,杀鬼魅邪恶鬼,久服通神明不老。"《抱朴子》载:"朱砂,入心可安神而走血脉,入肺可降气走皮毛,入脾可逐痰涎而走肌,入肝可行血滞而走筋膜,入肾可逐水邪而走骨髓,或上或下,无处不到。"

远离病榻

随着科技进步，现今已无人透过服用含汞的丹药来追求健康长寿了。但汞的用处很大，使用特别广泛，接触汞原料的工人尤其要注意防止汞中毒。一些职业性中毒和生活性中毒事件，大多是因为病人吸入汞蒸气、无机汞盐的气溶胶，或皮肤长期与无机汞盐接触，或误服汞盐等原因造成。汞的急性中毒会造成死亡，但大部分是慢性汞中毒，从事含汞产品生产的职工，在生产过程中要严格遵守操作规程。

有明显口腔疾病、慢性消化道炎症和肾、肝病的患者，均不宜从事汞的作业。妊娠期和哺乳期妇女必须严格避免接触汞，生育年龄的妇女不能从事接触烷基汞的工作。在日常生活中也应多注意，如打碎温度计后，落地的水银很快会挥发到空气中，容易造成汞中毒，此时应立刻打开门窗，让空气充分流通，或用硫黄粉末撒在水银处，与之生成难挥发的硫化汞，此法亦可消除汞污染的危害。

跋

拾起枯笔,摊开白纸。皓月当空,繁星缀河。

每天工作之余,拖着疲惫的身躯,怀着恬淡寡欲的心,在书桌旁不断地写、不断地想。那时,无论是生活还是工作,都备感艰辛,未来显得迷茫,一切都是未知数。

没有人催稿,也不是为了稿费,只是自己给自己压力,觉得在和时间赛跑,时而在古籍的纸堆里寻寻觅觅,时而在案头书稿中苦思冥想,绞尽脑汁。

恰恰在最彷徨、最寂寞、最痛苦时,十月的一天,突然灵感勃发,一气呵成写出了三千余字的《寡人有疾》——重温了蔡桓公讳疾忌医的故事,并从西医角度仔细分析了可能的病因,当然也包含我自以为生动的想象。写完后忐忑不安地把文章发送给同学和友人,并把我的思路和观点告诉他们,结果竟出乎意料地收到积极的回复及许多宝贵的意见;可以说这篇小文是个转折点,使我明确了写作的道路和方向,更坚定了继续写下去的信心。

之后,就决定把我研究和思索过的帝王疾病全写出来结集成书,相信这本书早晚会发光的、人们会喜欢的,于是废寝忘食,用了三个多月时间,终于得偿所愿了。

历史和现实,中医和西医,其实之间没有楚河汉界,社会科学和自然科学本就不该被鸿沟分割。我深知以自己浅薄的知识和见解,想成为沟通这条鸿沟的桥梁,简直是不自量力、天方夜谭、痴人说梦;但我很愿意成为这条鸿沟中时刻游走、滚动着的一粒沙子、一颗水珠,捎带着对科学的尊崇、对人文的关怀、对历史的敬畏和对生命的热爱。我也享受这样的状态。

每次辛辛苦苦完成一篇文章,都会迫不及待地发给父亲、朋友和同学们,在他们的批评、指点和鼓励中,粗糙的作品有幸得到升华的机会,虽然远远谈不上凤凰浴火重生,但的确一次次给了我克服困难、继续创作乃至达成心愿的动力和勇气。这比作品质量的提高,意义更非凡,也更让我感激涕零;他们是我一路同行的伙伴,从某种意义上说,也是本书不可或缺的作者。在此,我诚挚地感谢那些在一个个孤寂的夜晚,用心灵陪伴我写作的亲人和良师益友。

完成了最后一篇《折鞭孤城》时,竟意外地发现文章的结尾不自觉地提到我的家乡——广东新会。这几个月来,在澳门和新会间穿梭往返,为了工作,为了家庭,也为了暂时的解脱。我颇感内疚,因为每次回到朝思暮想的家中,大多数时间都忙于写作,无暇多看不足两岁的儿子一眼,也无暇多向年逾花甲的父母嘘寒一声、问暖一句,这本拙作凝聚了我太多的精神寄托。

成书之后,我总算可以获得片刻的轻松了,至少儿子带着牙牙学语的腔调娇气地喊"爸爸"时,我可以多响应他一个浅浅的微笑或者深深的拥抱。然而,路还很长,我还要继续走下去。

二○一三年一月二十三日于澳门